백의민족

백의민족

초판 1쇄   2013년 11월 05일

지은이   구가인
발행인   김재홍
기획편집   이은주, 권다원, 김태수
마케팅   이연실

발행처   도서출판 지식공감
등록번호   제396-2012-000018호
주소   경기도 고양시 일산동구 견달산로225번길 112
전화   031-901-9300
팩스   031-902-0089
홈페이지   www.bookdaum.com

가격   15,000원
ISBN   978-89-97955-95-4   03910

CIP제어번호   CIP2013020721
이 도서의 국립중앙도서관 출판시 도서목록(CIP)은 이 도서의 국립중앙도서관
출판시 도서목록(CIP)은 서지정보유통지원시스템 홈페이지(http://seoji.nl.go.kr)와
국가자료공동목록시스템(http://www.nl.go.kr/kolisnet)에서 이용하실 수 있습니다.

베트남과 한국의 고대사,

　　　그 영겁의 시간을 넘어

백의민족

구가인 지음

추모왕의 고구려는 남월이다.

지식공감 도서출판

| 차 례 |

영겁(永劫)

Prologue

영겁(永劫)의 시간을 넘어

영겁의 저 너머에 존재하던 시조 추모왕의 고구려와 그 이전에 선조가 이룩한 (고)조선의 그림자는 희미하게 서(書)에만 존재할 뿐, 그 실체는 신화를 넘나든다. 아득히 오래전 선조들이 걸어온 그림자는 이 넓은 세상에서 보이지 않고, 오로지 뿌옇게 낀 짙은 안갯속에서 아련한 상상으로만 볼 수가 있을 뿐이다.

대오

멀리 허공에 떠 있는 작고 검은 점,
가까이 올수록 그 기세가 웅장하다.

큰 까마귀다.
가까이 내 상공을 날아오르니 한쪽 날개에 상처가 보인다.
아주 멀리서 날아왔나 보다.
상처가 있음에도
쉬지 않고 먼 곳에서 날아왔나 보다.

아!
때가 이르렀나 보다.
영겁의 시간인 이천 년을 기다린 고구려.

이제
대 웅비의 때가 도래했으니 그 실체를 나타내리라.

영겁(永劫)

고대사에 대한 시각

　지금까지 한국 상고사(고대사)에 대한 많은 연구가 진행되어 왔다. 많은 학자들이 열정과 희망을 가지고, 그 흔적을 찾기 위해서 수많은 노력과 혼혈의 힘을 다했다. 당연히 지금도 땀을 흘리면서 직접 발로 뛰어다닌다.

　나를 찾고 종묘사직을 찾아, 다시 일으켜 세워 영원히 보존하기 위해서다. 그러나 그 길은 무에서 유를 창조하듯 험난하고 공허하기만 한 것 같다. 한마디로 우리 상고사의 중요한 고리라고 생각되는 국가, 그 이름도 많은 부여에 대한 존재감이 그 어디에도 보이지를 않고 있다. 한반도 안에서 발굴된 모든 능(무덤)에서 보여주는 것처럼, 고대국가에 대한 존재감의 확인이 어려울뿐더러, 삼국 중에서 백제 무령왕릉을 제외한 수많은 능에서도, 그 능에 잠들어 있는 인물에 대한 의문들로 안개가 더욱더 짙어질 뿐이었다.

　딱, 하나만이라도 그 그림자가 보이면 좋으련만, 여태껏 제대로 나온 것이 없고, 제대로 찾은 것이 없는 듯하다.

　아무리 찾아도 없다. 온 세상을 다 밝혀보고 들여다보아도 보이지를 않는다.

역사 찾기 시각에 대한 의문

  우리의 역사가 많은 세월이 지나감에도 불구하고, 불확실성과 곳곳에 깔린 의문이 해소되지 않고 있는데, 이는 지금까지 우리의 역사 찾기에 대한 시각(포지션)에 문제가 있는 것은 아닐까? 하고 생각된다.

  지금까지 고대사 찾기에 대한 기본적인 우리의 시각(포지션)이라고 한다면 "역사를 바탕으로 하는 고고학적 지문 찾기"이다. 이것은 우리가 알고 있었던 기록된 역사(한국의 삼국사기, 삼국유사와 고대 중국의 고서)를 가장 큰 근원으로 삼고서, 그 알고 있는 역사 기록과 한반도에서 발굴되었거나 현재 발굴 진행 중인 유적과의 차이점 및 유사성에 대한 비교 검증이다. 만일 우연하게도 우리가 알고 있었던 역사 기록과 발굴된 유물의 역사적 진실에 대한 증명이 확실히 일치한다고 한다면야 모르겠지만, 그것이 속 시원하게 100% 일치함을 보여주는 것은 지극히 드물다.

  이렇게 지금까지의 역사 찾기에 대한 결과물이 시원치 않다고 한다면, 현재의 역사 찾기 시각(포지션)에 대한 문제점을 살펴볼 수밖에 없는 노릇이다.

포지션의 한계

　현재의 역사 기록물과 한반도 내에서의 유적에 대한 비교 검증방식의 주요 문제점은 "한국이라는 국가를 형성하고 있는 주요한 민족 군체가 그들의 국가를 건국해서, 자기만의 독특한 문화를 만들어, 조상 대대로 거주한 곳, 바로 그곳이 만주와 한반도의 범위를 넘어선다."라고 한다면, 지금의 방식만으로 고대 역사를 연구하기에는 한계가 있다.

　"다수 군체의 주요 거주 지역이 한반도와 한반도 이외에 멀리 떨어진 다른 여러 곳에 광활하게 산재해 있었고, 한반도는 그 당시 변두리 정도밖에 안 됐었다!"라고 가정했을 경우에는, 현재의 사학 연구 포지션으로는 백 년, 이백 년이 더 흘러도 한국의 고대사는 드러나지 않을 것이다.

역사에 대한 인식의 전환

● 한반도 시각에서 벗어나기

그렇다면 한국의 고대사 찾기에 대한 다른 방법으로는 무엇이 있을까? 그것은 바로 많은 재야학자님께서 말씀하신 대로 "한반도 내부에서 만의 시각에서 벗어나야 한다!"라는 것이 그 첫 번째다. 이것이 가장 중요하다 하겠다.

● 기록역사에 대한 순종 탈피

두 번째로는 현재까지 알려진 역사에 너무 의존해서 다른 부분을 볼 수 없는 한정된 시각에 갇혀 있을 수 있다. (터널효과) 기록 역사에 대한 순종은 우리의 시각을 소극적으로 제한시킬 수밖에 없는 노릇이다.

"고구려, 백제, 신라만이 우리의 민족이다!"라는 편견으로 역사를 찾을 경우에는 고대사의 비밀은 극히 제한적으로만 접근할 수 있다. 당연하듯이 삼국 이외의 국가는 최초 또는 심화 연구대상에서부터 그 중요성에 대한 우선순위가 밀려버려서 고대사의 연결고리(국가관계)가 느슨해지는 문제점이 발생된다.

이렇듯 기록 역사만이 우리의 역사라고 생각하는 소극적인 편견을 버리고, 민족의 기원에 대한 새로운 포지션을 찾는 것이 중요하다.

한국의 역사와 관련된 많은 국가

새로운 역사 연구 포지션이라면 "한반도 및 대륙과 관련된 다른 국가의 역사에 대한 연구를 시작해야 한다!"라는 것이다. 고대의 한국과 연관되어 있는 국가는 중국뿐만이 아니라 다른 나라도 있다.

● 한국의 고대사와 관련된 주요한 다른 국가들

- 중국과 오랜 역사 동안 수많은 독집전쟁을 해왔었던 베트남 등 동남아 국가 및 우리와 직접적으로 역사가 관련된 몽골
- 중국의 서쪽인 티베트, 위구르와 오랜 역사를 가진 인도
- 서쪽 저 멀리 카자흐스탄, 아프가니스탄, 파키스탄 및 히말라야 인근의 네팔, 부탄 등

한국의 고대사를 알기 위해서는 더욱 많은 국가의 고대 역사에 대한 면밀한 관찰이 필요하다.

가설(hypothesis)

새로운 포지션에 대한 기본 개념(concept)은 바로 가설(hypothesis)이다.

"한국 고대사의 일부 또는 많은 부분이
다른 국가들의 기록된 역사에 이미 나와 있지 않을까?
이미 기록의 역사에 존재해 오고 있지 않을까?"

한국의 고대사가 다른 곳에 이미 그 실체가 나와 있음에도 불구하고, 역사적인 편견 때문에 우리의 순수한 고대역사 자체를 알아보지 못하고 그 옆에서 서성거리고 있다는 가설이다.

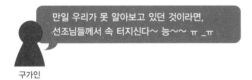

만일 우리가 못 알아보고 있던 것이라면,
선조님들께서 속 터지신다~ 능~~ ㅠ _ㅠ

구가인

이 책이 쓰여진 목적

한국의 고대사와 관련된 새로운 유물을 발표한다거나, 시간의 기록인 고대사에 이것저것을 덧붙여 괴물의 역사를 만드는 것이 이 책의 목적은 아니다. 세계 여러 나라의 역사와 그들의 전승에 있는 우리들의 이야기를 찾아내어, 오랫동안 잊고 있었던 우리의 역사를 부활해 내는 것이 이 책이 나오게 된 목적이다.

이미 나와 있는 다른 국가의 역사서(書)야말로 한국의 기원을 찾아 항해를 떠나는 데 있어서 가장 소중한 보물섬의 지도들이다. 이 보물섬의 지도에 그려져 있는 많은 길 중에서, 우리 선조께서 걸어오신 소중한 길을 반드시 찾아내고야 말 것이다.

이 책은 판타지아적인 과거의 영광을 추적하는 것이 아니라, 소박하지만 '아주 오래된 고대 민족의 소중한 이야기'를 하나씩 찾아가면서 역사 속에 숨겨있는 우리 선조의 발자취를 따라가는 것이다.

아주 오래된 고대 민족의 소중한 발자취를 찾아가는 것이 우리의 고대(古代)로의 항해이고, 그 항해 끝에 진실의 이야기를 듣게 되는 것이 가장 높이 계신 분의 뜻이라 생각한다.

백의민족의
전승

Part 1

백의민족

나는 백의민족이다. 한국인은 스스로를 백의민족이라고 한다. 백의민족이라는 추상적인 단어 자체에 '우리 한민족의 기원에 대한 이야기'가 내포되어 있다고 생각한다. 이 단어는 어려서부터 많이 들어왔다. 집안 어르신들이 잊지 말라 하신다.

"우리 가인이는 백의민족이야!"

시간이라는 흐름의 순리 속에서 우리 개개인들은 자신들의 짧디짧은 시간들을 모으고 모아서, 역사라는 거대한 바다를 구성하는 한 방울의 물방울이 되어왔다. 우리들의 삶 속 깊은 곳에 다소곳이 들어있는 "우리는 백의민족이다!"라는 깊고 오묘한 이야기는 그 시작과 끝이 어딘지 알 수 없을 정도로 오랫동안 이어져 내려온 듯하다. 고난과 시련의 오랜 고통 속에서도 잊지 않고 우리의 마음속 깊은 곳에 이어져 내려왔다.

"이제 전 세계에 나 백의민족은 그 참모습을 보이리라!"

그러나 결코 쉽지만은 않을듯하다. 보여 주는 것이 만만치 않다.

백의민족의 의미와 특허?

우리 한(韓)민족만을 일컫는 것,
우리 한민족의 근원,
우리 한민족의 위대한 영혼이리라

고대로부터 전해 내려온 우리의 단어 '백의민족'은 이렇게 우리 민족에게 있어서는 숙명적이라고 볼 수 있는 한국인만의 특허이다.

그런데 이상한 일이 벌어졌다. 바로 우리 것에 대한 저작권 침해 사건이 아주 오래전부터 발생되어 왔다는 것이다. 이는 남의 일이 아닌 것이다. 바로 한국인만의 특허 '백의민족'이라는 단어를 다른 나라에서도 사용하고 있다는 것이다. 우리 한국 민족만 유일하게 사용할 수 있다고 여겨지고, 우리만의 고유한 특허인 줄 알았던 것이었으니 그로 인한 충격이 크다.

그런데 더 이상한 일이 벌어졌다. 그들(무단도용 주체격)은 우리들의 고유한 저작권이라고 생각했던 백의민족을 아주 아주 오랫동안 사용해오고 있었단다. 얼마나 오랫동안 사용해왔느냐 하면 '수천 년'을 사용해 왔단다. 억울하다 못해서 황당하다. 수천 년 동안 무단사용하고 있다는 것을 전혀 알아차리지 못했으니, 이 얼마나 황당한가? 이 무단도용으로 인해서 우리에게 우리의 백의민족 조상님들을 뵐 면목도 없게 만들었으니, 죄책감으로 고개를 들지 못하겠다.

수천 년이면 특허권 침해에 대한 천문학적인 피해를 입은 것이 맞다고 보여지는데, 그 피해액을 산정할 수도 없다. 왜 산정할 수도 없느냐고 하면, 그들도 수천 년 동안 사용해왔기 때문에 그들만의 특허이기도 하단다. 우리가 도용하고 있었단다. 이 얼마나 통곡할 노릇인가…….

억울하다고 항변하고 있는 와중에 더욱 황당한 일이 발생했다. 그렇게 백의민족이라고 자칭하는 국가가 한두 나라가 아니라고 한다. 도대체 어느 국가가 자기네가 백의민족이라고 자칭하고 있단 말인가? 결국 소송이라는 칼을 빼 들어야 하나? 소송의 후유증도 만만치 않을 텐데…….

소송이냐?
아니면, 다시 쓰는 역사냐?

그들의 이야기를 들어볼 필요성도 있다. 가짜면 소송, 진짜면, 우리 민족의 역사는 다시 기록될 것이다. 그들은 나와 피를 나눠 가진 형제가 될 것이고 그들의 조상이 나의 조상이 될 것이니, 그들도 우리의 역사서에 기록되어야 할 것이다. 그들의 역사서에 우리가 기록되어야 하는 것처럼.

그들의 역사를 조사하면서 한 가지 느끼는 점은 우리와 오랜 세월 동안 떨어져 있었지만, 그들은 우리와 비슷한 역사를 가지고 있었다는 것이다. 마치 일란성 쌍둥이처럼…….

그들은 한국이 아닌 또 하나의 백의민족으로서 한국과 마찬가지로 백의민족으로서의 고결한 품위를 잃지 않았다. 위엄 당당한 국가로서 오랜 세월 동안 존재해 왔고, 험난한 역사를 온몸으로 부딪쳐 싸워내어 그들만의 용맹과 백의민족의 가치를 지켜왔다.

하지만 이천 년이라는 오랜 세월 동안, 그 자신들을 지키기 위해서 여러 강대국들과 수많은 전쟁을 겪어 왔다. 그로 인해 국토는 파괴되었고, 수없이 많은 침략으로 오랜 세월 동안 경제적 고통을 참고 견디어내야 했었다.

조상의 얼을 지키고 그 근본을 잃지 않으려 그들 스스로 수천 년 동안 인내의 눈물을 머금어 왔다. 그들은 오랜 전쟁에 지쳐있었다.

바로 우리가 그랬던 것처럼……

그렇지만, 지금 이 순간. 그들은 또다시 일어서려고 한다. 절대 물러서지 않겠다는 백의민족만의 기상을 품고서……. 그러면 또 하나의 백의민족 국가가 누구냐 하면,

아주 먼 곳, 그러나 마음은 가까운 곳.
그의 이름은 바로 베트남!
우리의 또 하나의 백의민족은 베트남이다.

잃어버린 신전

사돈의 나라

월남으로 알려진 베트남은 한국의 국제결혼 영역에서 차지하는 비율이 가장 높은 '사돈의 나라'라고 할 수 있다. 그러나 그들과 우리의 조상이 같다면 국제결혼이라기보다 백의민족의 결혼일 것이다.

한국의 드라마나 가요는 말로만 듣던 한류열풍으로 베트남에서는 큰 인기이다. 베트남에서 인기를 끌고 있다는 기사를 가끔 접하는데, 2003년도쯤 베트남에서 방영된 한국 드라마 〈유리구두〉에 대한 글을 보았다. 그 내용은 〈유리구두〉의 인기가 높아서 드라마가 방영될 시간쯤에는 시내 교통량도 급감하고 상점들도 일찍 문을 닫는다는 것이었다. 또한 베트남 어느 중년 부인의 인터뷰 내용을 들어봤더니만, 한국 드라마를 자주 보게 되는 이유가 "한국인의 정서가 베트남인의 정서와 비슷하다"는 것이었다.

정서가 비슷하다?

우리와 정서가 비슷하다? 어떻게 한국에서 멀리 떨어진 베트남 사람들이 우리와 정서가 비슷할까? 혹자는 한국과 베트남, 둘 다 중국의 영향을 받아서 정서가 비슷하고 중국 문화를 가져왔다고 말하는데, 과연 그럴까?

베트남에 대해서 아는 것이라고는 '월남전' 정도뿐이지만, 지나간 아득한 역사라는 기억의 저편에 베트남과 한국의 연결고리가 있지 않을까 생각해본다. 혹시라도 역사의 저편에서, 두 국가가 같은 신전에 같은 신을 모신 적은 없었을까? 나의 조상이 그들의 조상이라면? 진정으로 두 국가가 같은 왕을 섬긴 흔적은······.

우리 백의민족의 잃어버린 신전을 찾아서 여행을 떠나보자.

오호~~ Good Good... 베리 굿!! 흥미 만빵~
두 국가의 잃어버린 고대 신전이라~~

구가인

잃어버린 신전?
Lost Temple? 4인용 맵?

스타고갱님

우리가 아는 베트남

베트남의 쌀국수

베트남의 정식 국가 명칭은 '베트남사회주의 공화국'이다. 우리가 알고 있었던 월남국(越南國)은, 과거 월남전 당시 싸이공이라고도 불리었었다. 베트남의 인구는 한국의 남·북한을 합친 인구와 비슷한 9천만 명이다.

요즈음 한국에서는 베트남의 음식 문화가 들어와 있고, 그 맛을 찾는 사람도 부쩍 늘어났다. 베트남 쌀국수는 담백하기 때문에 이 음식에 푹 빠져든 사람도 생겼다. 그런데 이 국가가 백의민족이라고 한다.

베트남전과 한국군의 파병

미국이 베트남과 전쟁할 당시, 미국의 요청으로 한국 군대가 파병됐다. 한반도에 배치되어 있었던 주한미군의 베트남전 차출이 점차 사실화되어가고 있었던 시점이었다. 주한미군의 차출로 전(投)력 공백을 염려한 박정희 전(前) 대통령은 여러 정치인의 반대에도 불구하고 수많은 고심 끝에 한국 군대의 베트남전 파병에 동의했다. 결국, 베트남에 한국의 군대가 파병됐다.

전쟁이라는 것은 겪는 국민에게 커다란 상처와 아픔을 가져다준다. 결코, 맞이하고 싶지 않은 것이다. 재앙이라는 어둠을 몰고 오는 그것은 나 자신뿐만 아니라 모든 이웃에게 죽음을 선물한다. 그러나 전쟁의 서막이 다가오면 자신의 가족과 조국을 지키기 위해서 어쩔 수 없이 총과 칼을 들고 맞아줄 수밖에 없는 노릇이다. 베트남은 초강대국인 미국과의 전쟁을 맞이하고 싶지 않았지만, 결국 미국은 베트남을 침공했다. 또한, 베트남도 그 전쟁을 기꺼이 맞이해줬다.

거대한 희생의 상처와 한국의 무관심

역시 힘들었다. 세계에서 제일 강대한 미국을 맞아 전쟁을 치르면서 엄청난 고통에 시달렸다. 미국 편에서 참전한 한국군 또한 그들의 고통에 일조했다. 너무나 가슴 아픈 일이다. 머리가 어지러울 정도로 가슴이 먹먹해 온다. 한국이 가져다준 그들의 고통에 대한 조사는 현재까지도 한국 정부 차원에서 이루어지지 않고 있다.

다만 김대중 전(前) 대통령과 노무현 전(前) 대통령의 사과가 있었을 뿐이고, 박근혜 대통령은 호찌민 전(前) 국가주석의 묘소를 참배하고 헌화했을 뿐이다. 그러나 아주 많이 부족하다. 그들의 아픔을 위로한다고는 하지만, 그 어찌 말로 다할 수 있으랴?

고려로 귀순한 베트남 왕자 – 화산이씨

월남전은 자세히는 아니지만, 누구나 알고 있는 사실이다. 그리고 또 하나, 고려시대에 베트남의 왕자가 귀순한 사건이 있었다. 한국 성씨 중에서 화산이씨(花山李氏)는 고려시대 귀화한 베트남 이씨 왕족의 후손이다. 안남왕국(安南, 베트남)의 이씨왕조는 외세를 물리친 영웅 왕조지만, 13세기 초에 본국에서 발생한 쿠데타로 왕족의 몰살 위기를 피하고자 이용상 왕자가 추종자들과 함께 고려에 귀순했다.

그들의 항해는 고려에 귀순하기 위한 항해가 아니었고, 단지 태풍을 만나 표류하다가 황해도 화산 인근에 안착하게 되었다. 그 당시에 몽골군의 침입을 받은 고려인들과 힘을 합쳐서 몽골군을 물리쳤는데, 그 사실을 알게 된 고종(高宗)은 이용상 왕자를 화산군(花山君)으로 봉했다.

그가 화산이씨의 시조이다. 지금도 그가 도착한 황해도 화산 인근에는 유적이 남아 있다. 몽골군과 전투를 벌인 안암토성과 고향이 그리울 때 찾아가 그의 나라를 향해 통곡했다는 망국단이 이용상 왕자와 관련된 유적들이다. 신께서는 베트남 왕족을 모른 체하시지는 않으신 것 같다. 주변에 다른 많은 국가가 있었음에도 불구하고, 어디선가 나타난 태풍은 그 배를 한국의 고대국가인 고려에 내려줬다. 고려는 백의민족의 나라이자 지금의 한국이다.

고유하고 숭고한 백의민족

구가인(Na, writer)이 알고 있는 베트남에 대한 지식 중에 하나가 베트남이 천 년 동안에 걸친 중국의 식민지에서 독립했다는 것이다. 천 년 동안의 식민지 생활에도 불구하고, 그들의 독자성과 민족성은 결코 잊혀지지 않았다. 오랜 역사의 많은 부분을 그들의 숭고함을 지키고 보존하기 위해서 싸워왔고, 또한 자신들을 침략해온 적과 맞서 싸우면서, 그들 자신만의 고유성을 유지해왔다.

그 국가가 바로 베트남이고 백의민족이다. 그렇다면 과연 베트남은 어떤 역사를 가지고 있을까? 그들은 누구일까? 그들은 나의 형제인가? 그들의 선조가 나의 선조인가?

베트남의 기원

우리와 마찬가지로 베트남 사람들은 자신들이 백의민족이라고 주장한다. 그 주장을 파악하기 위해서 베트남의 역사와 그 민족에 대한 이해가 필요하다.

민족의 시작

● **낙비엣**(Lac Viet)**과 어우비엣**(Au Viet)

초기 청동기시대에 베트남 Proto부족(선 부족, 원래 토착인)들은 지금 베트남의 북부 및 중부지방에 자리를 잡았다. 그곳에는 얼추 15개의 낙비엣(Lac Viet)부족들과 12개의 어우비엣(Au Viet)부족들이 거주하고 있었는데, 주로 고지대와 삼각주 지역에 거주했다.

반랑(Van Lang)은 베트남의 고대국가로 한자표기는 文郎(문랑)이다. 반랑 연대기의 처음은 한국의 단군조선 연대기와 비슷하게 기원전

2800년 전으로 거슬러 올라간다고 하지만, 그 반랑의 역사도 한국의 고조선처럼 국제적으로는 인정받지 못하고 있다.

베트남의 용왕설화에 의하면 Lạc Long Quan(낙룡관, 락롱꾸언)과 산의 요정인 Au Cơ(어우꺼)는 백 명의 자식을 두었다. 백 명의 자식과 행복한 나날을 보내던 어느 날, 그들에게 무슨 일이 생겼는지는 모르겠지만 서로 협의하여 헤어지기로 했다. 낙룡관과 어우꺼는 서로가 자기들이 살아왔던 방식과 신념(생활해온 습관, 종교적 가치) 등이 서로 달랐기 때문에, 각자의 왕국으로 헤어지기로 했다. 왕과 왕후는 각각 50명의 자식을 데리고 가기로 하고 백 명의 자식 중에서 반은(장자를 포함한 50명) 용의 영토인 해안가 가까이에서 살게 되었고, 나머지 반은 산으로 갔다.

반랑(Van Lang)**국 시대**

(BC 2876~BC 258)

기원전 2879년에 백 명의 자식 중에서 장자이자 가장 강력한 왕이었던 Kinh Dương Vương(킨 듕븡)이 모든 낙비엣(Lạc Viet)부족들을 하나로 통일해서, 기원전 2879년에 베트남 최초의 반랑국(Van Lang Nation, 文郞國)을 건국하고, 킨 듕븡은 베트남 최초의 훈븡(Hung Vuong, 왕의 직위)이 되었고, 지금의 베트남 북부와 중국 남부를 통치하게 되었다.

기원전 2879년에 강력하고 위대한 훈븡은 그들의 고귀함을 지닌 Hong Bang(홍방)왕조를 세웠다. 이 홍방왕조의 유구한 역사는 훈븡들의 통치와 함께 기원전 258년까지 이천삼백 년간 이어져 왔고, 전 기간에 걸쳐 18라인(계통)의 훈붕왕조에 의해 통치되었다. 오랜 역사와 정통성을 지닌 홍방왕조는 베트남의 영웅 An Dương Vương(안 듕붕)에 의해 기원전 258년에 그 마지막 왕조가 막을 내리게 되었고, 위대한 지도자 안 듕붕은 어우비엣(Au Viet)과 낙비엣(Lac Viet)을 통일해서 어우락(Au Lac)국을 건국하였다. 그러나 통일된 어우락국은 아쉽게도 기원전 207년에 또 다른 백월(百越)민족의 국가인 남월국에 의해 병합되었다. 남월국의 어우락국 병합시기에 대한 또 다른 의견으로는 기원전 179년(한나라 고후 사망 직후)이라는 설도 있다. 이 반랑국의 시대는 베트남의 고대 역사로 전승되고 있지만, 한국의 단군조선처럼 베트남의 잃어버린 역사의 신화적인 위치에만 머물러 있다.

훈붕(Hung Vương)이란 훈(Hung)는 '용감하다'란 뜻이고, 붕(Vuong)는 '왕'을 뜻하는데, 이는 '용감한 왕'이라는 것이다. 현재 베트남에서는 매년 음력 3월 10일에 훈붕신전 축제가 열린다. 한국의 개천절과 같은 의미의 기념일이다.

동손(Đông Sơn)
문화와 고인돌

베트남의 동손문화(東山文化)는 청동기 시기(BC 1000년~BC 100년)에 베트남의 대표적인 문화로 프랑스 고고학자에 의해 1920년대에 발굴되었는데, 유물 중에서 특이할 만한 것으로는 고도로 발달된 기술 수준을 보여주고 있는 청동북이 있다.

이 청동북의 이름을 동손 청동북(Dong Son Drum)이라고 하는데, 이 북의 표면에 그려진 고난도의 정교한 그림은 당시의 고도로 발달된 문명을 대변해준다. 그림을 들여다보면 기하학적인 문양, 새들과 배에서 노를 젓는 사공(군인) 등이 그려져 있고, 동일 문양의 신비로운 새들도 눈에 띈다. 이 청동북에 그려진 그림들은 그 당시에 상당히 수준 높은 초정밀 기술문화가 존재했었음을 말해주고 있다.

● 고인돌과 고대 백월민족 주거지

한반도에서 많이 발견된 고인돌은 중국의 중원에서는 지금까지 발견되지 않았고, 중국 남부인 후난성, 저장성(중국 남동부), 타이완, 쓰촨성, 티베트 등에서만 발견되었다. 베트남은 고대 백월민족의 국가로 중국 남부 및 중국 서부에 존재하다가 진한 시기에 발생한 전쟁으로 현재의 베트남 등으로 이주해온 것인데, 고인돌이 발견되고 있는 이 지역들은 고대 중국 백월(百越)민족의 주요 거주지와 일치하고 있다. 대만은 월(越)민족의 한 갈래인 낙월족이 고대에 넘어갔다고 한다. 낙월족이 바로 베트남의 고대국가인 낙비엣(Lac Viet)이다.

● 베트남에서 발견된 한국식 고인돌

베트남 수도 하노이에서 30㎞ 정도 떨어진 타일라이 마을에서 뜻밖의 고인돌이 발견되었다. 그것은 한국식 고인돌이라는 예상외의 유적이었다. 이를 확인하기 위해 한국의 합동답사단이 직접 베트남으로 가서 조사했다. 한반도 특유의 고인돌이 동남아에서 발생하여 북방으로 전파되었다는 이론을 확인해 줄 수 있는 고인돌이다.

강화도의 탁자식 고인돌과 닮았고, 한반도 남방의 기석식 고인돌과도 비슷했다. 고인돌의 기원을 연구할 경우에는 중국 남부에 거주했었던 백월(越)민족의 이동 경로를 연구해야만 고인돌의 정확한 기원을 확인할 수 있을 듯하다.

안 듕붕의 어우락(Au Lac)
(BC 257~BC 207)

훈붕이 통치하던 반랑국의 시대가 끝나고 어우비엣(Au Viet)부족 동맹의 지도자이던 툭판(Thuc Phan)은 자신의 부족을 발판으로 스스로를 안 듕붕(An Duong Vuong)이라 칭하며, 낙비엣(Lac Viet)과 어우비엣(Au Viet)부족을 재통일하여 어우락(Au Lac)국을 건국하였다. 낙비엣과 어우비엣은 고대에 존재했던 백월족들이다.

베트남을 재규합시킨 왕은 타국으로부터의 침략을 막기 위해서 성을 건설하는데, 그 성은 '고라(Co Loa)'라고 했다. 원래 있던 성에 도읍을 정한 것인지, 아니면 도읍을 정한 후 고라성이라 이름을 지은 것인지는 서로 다른 의견이 있다.

고라(古螺)에서 라(螺)는 달팽이를 말하는데, 이는 달팽이처럼 설계된 복잡한 성을 만들었다는 의미이다. 성의 구조를 달팽이처럼 만든 이유는 적의 침투를 어렵게 해서 방어가 용이하도록 설계된 것이라고 한다. 그러나 이 성을 지을 당시에 몇 번씩이나 완공하기도 전에 무너졌다는 기록이 있는데 이는 지진도 생각할 수 있지만, 지형문제도 있었을 것이다.

한국과 베트남의 설화

　베트남과 한국의 고대에 대한 지문 중에서 두 나라의 고대 왕에 대한 호칭이 비슷하다는 점과 함께 두 국가에 이어져 내려오는 이천 년 전의 설화가 있는데, 그 내용이 너무도 흡사하다. 그래서 두 국가에 내려오는 설화의 기원이 동일하지 않을까 생각된다.

건국신화와 왕의 호칭

● **왕에 대한 나라별 호칭**

동아시아 왕들에 대한 서로 다른 칭호를 로마자 표기법을 통해 알아보자. 한국에서는 말 그대로 Wang(왕)이라고 한다. 베트남에서는 Vương(Vong) 븡(봉)이라 읽으며 쓸 때(written)는 Uông(봉)이라 적는다. 중국 남부의 Teochew(조주)에서는 Heng[흥 또는 (ㅎ)웅]이라고 하고, 광둥어와 Hakka(객가)어에서는 Wong(옹, 웅)이라 한다. Hokken(福佬话, 광둥방어)에서는 Ong 또는 Bong(옹, 웅, 봉, 붕)이라 한다.

● 베트남의 건국 신화

기원전 2879년에 훈붕이 왕조를 설립했다. 이 왕조는 기원전 258년 까지 지속되었고, 18대 계열의 훈붕왕조(18훈붕시기: 18명의 훈붕이 아니라 18 라인의 훈붕왕조를 뜻한다.)에 의해 2천 년간 통치되었다. 기원전 258년에 An Dương Vương(안 둥붕)에 의해서 낙비엣과 어우비엣이 통일된 어 우락국이 설립되었지만, 결국 기원전 207년도에 남월국에 의해서 흡 수된다. 또한 남월국은 기원전 110년경에 중국의 한나라(서한, 전한)에 의해서 멸망했다.

베트남 설화에는 고대왕조를 설립한 왕의 명칭이 훈붕인데, 이 훈 붕의 의미는 훈(Hung)는 '용감하다'란 뜻이고, 붕(Vuong)는 '왕'을 뜻하 는데, 이는 '용감한 왕'이라는 것이다.

● 한국의 건국 신화

대종교 상원갑자년에 따르면 기원전 2457년 환웅천왕이 이 땅에 내려와 웅녀와 결혼해 아들을 낳으니 그가 단군왕검이다. 왕검이 평 양성에 도읍을 정하고 비로소 '조선'이라 일컬었다. 이어서 도읍을 백 악산(白岳山, ©백예산)의 아사달(阿斯達)로 옮겼다.

단군은 1,500년 동안 나라를 다스리고 주(周)의 호왕(虎王: 무왕을 말한 다.)이 즉위한 기묘년에 기자를 조선의 왕에 봉하고, 자신은 장당경으 로 옮겼다가 뒤에 아사달에 돌아와 숨어서 산신이 되니 나이가 1,908

세였다. 기원전 3세기 말에서 2세기 초에 위만에 의해 정권교체가 되었다. 위만조선은 발달된 철기문화를 바탕으로 주변 세력들을 누르고 한(漢)과의 사이에서 중계무역으로 이익을 독점하다가, 위만의 손자인 우거왕(右渠王) 때 한 무제(漢武帝)의 대규모 공격을 받아 마침내 기원전 108년에 멸망하였다.

● 고대 왕의 호칭 비교

한국의 단군신화에 나오는 고대 왕의 호칭은 '환웅'이라 하고 베트남 왕의 호칭은 '훈붕'이라고 한다. 동아시아에 있는 여러 나라에서 사용되는 왕에 대한 호칭이 웅과 붕이다. 웅과 붕은 모두 왕에 대한 호칭이다. 베트남의 왕의 호칭인 붕을 한국의 웅으로 표현하면, 다음과 같다.

"베트남의 훈붕은 훈웅, 한국에서 왕은 환웅"

즉, 두 국가의 오래된 고대 왕의 호칭에 소리가 비슷한 것이다.

베트남의 낙랑공주와 호동왕자

베트남과 한국에서 오랫동안 전해져 내려오는 설화가 있는데, 두 국가의 설화는 하나의 동일한 실화가 전해 내려온 것처럼 등장인물이나 배경이 완벽하게 동일하다. 그것이 바로 낙랑공주와 호동왕자 설화이다.

베트남의 설화에 따르면 베트남의 고대국가인 어우락(Au Lac)국에는 신비로운 영광 금조신노(靈光 金爪神弩)란 활이 있었다. 금거북이(金龜)가 준 발톱으로 만들었다고 해서 금조(金爪. 금 발톱)라고 붙인 이름이다. 이 활은 한 번에 수백 발씩 쏠 수 있는 신궁이었다.

어우락(Au Lac)국과의 통일을 원하는(같은 백월국가) 남월 왕 조타는 아들 쫑띠(仲始)를 어우락(Au Lac)국의 공주에게 계략적으로 접근시킨다. 남월의 왕자 쫑띠(仲始)와 어우락국의 공주 미쩌우(媚珠)는 서로 사랑했고, 사랑에 눈이 먼 미쩌우공주는 쫑띠왕자에게 아버지의 비밀병기인 영광 금조신노를 보여주었다. 그리고 쫑띠왕자가 몰래 그 방아쇠 틀을 망가뜨렸다. 어우락의 신무기가 무용지물이 되자, 남월국의 군대는 즉시 공격했고 영광 금조신노가 망가진 어우락국은 무너지고 말았다. 금거북이(金龜)에게 영광 금조신노가 망가진 이유를 듣게 된 어우락국의 왕은 나라를 잃은 슬픔에 자신이 사랑하는 미쩌우공주를 죽였다.

전쟁이 끝나고 남월 쫑띠왕자는 공주를 찾아 나섰지만, 싸늘한 주검이 된 미쩌우공주를 본 쫑띠왕자는 슬픔을 이기지 못하고 고라(Co Loa)성 우물에서 생을 끝냈다.

고구려 왕자도 물에 빠져 죽은 왕자가 있다고 하니 거의 비슷한 내용이다. 혹자는 왕자가 칼로 자결했다고도 한다. 이 부분에 대한 역사적 사실은 기원전 207년(또는 179년)에 베트남의 어우락국을 남월국이 침공했다. 이때의 침공으로 기원전 258년에 베트남의 영웅인 An Dương Vương(안 둥붕)이 건국한 어우락(Au Lac)국은 남월국에 의해서 병합되었다.

한국의 낙랑공주와 호동왕자

● 자명고

고구려 대무신왕의 아들인 호동왕자가 옥저를 방문하였다가 이웃한 나라의 그저 그런 관계에 있는 낙랑왕의 눈에 들어 그의 딸인 낙랑공주와 결혼을 했다. 호동왕자는 고구려로 돌아가 낙랑공주에게 은밀히 사자를 보내서 외적의 침입을 사전에 알려주는 낙랑의 자명고(自鳴鼓)를 찢어 버리면 아내로 맞이하겠다고 전했다.

낙랑공주는 왕인 아버지와 호동왕자 사이에서 번민하다 결국 사랑을 선택하여 자명고를 찢어 버린다. 자명고를 믿고 있던 낙랑왕은 고구려군이 성벽에 접근하였는데도 그 침투상황을 파악하지 못했고, 기습을 당하고 나서야 비로소 딸이 배신했다는 사실을 알아챘다. 낙랑왕은 분노를 참지 못하고 딸을 죽이고 고구려에 항복했다. 함락된 낙랑 땅에 호동왕자가 도착했을 때는 이미 낙랑공주는 싸늘한 주검이 되어 있었다. 호동왕자는 사랑하는 아내를 잃은 슬픔을 견디지 못하고 자살했다.

일설에는 대무신왕이 낙랑을 멸하기 위해 호동왕자를 낙랑왕의 딸과 정략 혼인시키고, 그녀를 본국으로 돌려보내 북(또는 뿔피리)를 파괴하게 하였다고도 한다.

● **고각**(鼓角)

또 다른 설화에서는 낙랑의 비밀무기가 자명고가 아니라 고각이라고 전해지는데, AD 32년에 낙랑(樂浪)국 정벌에 앞서 호동왕자가 옥저에 사냥을 나갔다가 낙랑왕을 만나 사위가 되었다. 호동은 낙랑공주에게 낙랑의 신무기인 고각(鼓角)을 망가트리도록 하였고, 낙랑공주가 고각을 망가트린 틈을 노려 낙랑을 기습하여 항복을 받아냈다.

동일한 전승이야기

한국과 베트남은 국경을 나란히 했다거나 고대에 두 국가가 국제적인 교류를 한 기록이 없고 거리상으로도 상당한 거리이다. 그럼에도 불구하고, 두 나라에서 이천 년 전부터 전해져 오는 설화가 내용 면에서 완벽하게 동일하다. 멀리 떨어진 두 나라의 고대에 대한 설화가 우연이라고 하기에는 너무 비슷해서 설화가 아니라 고대에 실제로 발생한 사건이라는 생각이 더 강하다.

국가의 이름이 하나는 남월과 어우락이고, 또 다른 하나는 고구려와 낙랑이라는 것만 다르다. 만약, 남월과 고구려가 같은 나라이고 어우락과 낙랑이 같은 나라라면 베트남과 우리는 같은 민족이 될 것이다. 고구려 설화에서 낙랑국의 고각이 무엇인지에 대해서는 여러 가지 의견이 분분하다. 전승에는 낙랑공주가 부숴버린 고각(鼓角)에 대한 중국 발음(소리)이 '구조'이고, 베트남 설화에서 나오는 신궁(활)의 이름이 금조신노(金爪神努)이다. 금조신노는 금조(金爪, 금발톱)가 이름이고 신노(神努)는 신(神)의 활(努)을 뜻한다. 즉 금조신노에서 신노는 신의 활이란 뜻이고, 그 신의 활의 이름이 금조가 된다. 우리의 낙랑공주에서 나오는 고각(鼓角)에 대한 중국 발음 구조(구지오)와 베트남의 활의 이름인 금조는 이상한 여운을 남겨주고 있다.

● 중국 서한 시기의 crossbow[1]

베트남의 설화가 나온 시기인 서한 시기에는 금조라고 칭할 수 있는 자동 활(crossbow)이 진짜 존재했었다. 실제로 그 당시에 고도의 기술로 만들어진 활이 존재했었던 것이다.

---

1) 출처: 위키백과(Wikipedia)

베트남과 한국의 고대 연대기

베트남과 한국의 설화가 너무 놀라울 정도로 비슷했는데, 이것은 베트남과 한국의 고대시대에 우리가 알지 못하는 역사적 연결고리가 있다는 것이다. 그렇다면 한국과 베트남의 고대국가들이 건국해서 멸망하는 시기(기원전 110년~기원전 108년경)까지 확인해 볼 필요가 있다. 다음은 두 나라의 중국 진한시대까지의 역사 연대기이다.

● 베트남

BC 2879년 ~ BC 258년	HONG BANG왕조
BC 258년 ~ BC 207년	Au Lac왕조
BC 207년 ~ BC 108년	남월국

● 한국

BC 2457년 ~ BC 194년경	단군조선(기자조선 포함)
BC 194년 ~ BC 108년	위만조선

베트남 연대기에서 두 번째(BC 258년~BC 207년) 시기만 빼면 두 국가의 고대 왕국 건국시기와 그들의 나라가 기원년 전에 최후로 역사가 끊어진 연대가 비슷하다. 한국에는 없는 두 번째의 시대를 베트남에서는 어우락시대(Au Lac, BC 257년~BC 207년)라고 한다. 반대로 베트남의 어우락시대를 우리 한국사에 끼워 넣으면 어떻게 될까? 두 국가의 연

대기가 아주 비슷해진다. 한국에 없는 연대기인 어우락시대(BC 258년 ~BC 207년)는 기원전 258년에 An Dương Vương(안 듕붕)에 의해 훈붕 왕조가 끝나고, 낙비엣과 어우비엣이 통일된 어우락국의 시기이다. 이 어우락국은 얼마 못 가서 기원전 207년에 남월왕국에 의해서 흡수되는데, 한국의 역사는 베트남의 어우락국과 남월왕조의 시기는 없고 위만조선만이 존재하고 있다.

위만조선을 제외한 연대기

한국의 역사에서 위만조선을 빼고 부여-고구려로 변경해 보면, 연도만 빼면 얼추 베트남과 비슷하다. 그렇다면 베트남과 한국의 낙랑공주와 호동왕자 설화의 동일 기원 가능성에 대한 희망이 존재하는 것일까?

BC 2457년 ~ BC 194년	단국조선(위만조선 제외)
?　　~ BC 222년	부여
?　　~ BC　37년	졸본부여 ~ 고구려 추모

　베트남과 한국의 동떨어져있는 지리적 위치로만 본다면, 두 나라의 낙랑공주와 호동왕자 설화가 하나의 동일한 사건에 대한 같은 전승으로 보기에는 부담이 크다. 그러나 두 설화가 실제 벌어진 하나의 역사적 사건이라고 가정해본다면, 낙랑국을 공격한 고구려의 AD 32년의 사건은 베트남 BC 179년에 해당된다.

고구려의 낙랑공주 설화 AD 32년, 베트남의 미쩌우 설화 기원전 179년경 발생은 211년가량의 차이가 발생해서 고구려의 기원은 그만큼 올라가게 된다. 고구려의 기원이 211년 올라가면, 기원전 37년인 추모(주몽)왕의 고구려 건국 시기가 기원전 248년으로 올라가서 진시황제 이전의 시기가 되고, 모순이 발생하게 된다.

두 국가의 연관성을 부여하려는 노력이 낙랑공주와 호동왕자에 대한 두 나라의 설화 연대기만으로는 어렵다고 보이지만, 두 나라에서 동일한 설화가 전해져 내려오는 이유를 연구하는 것은 우리나라 기원에 대한 흔적을 찾는 하나의 방법이 될 것이다.

고구려사 일부에 모순된 역사 존재

낙랑공주와 호동왕자의 배경이 되는 국가인 고구려에 이 전승이 발생된 시기에 대한 모순된 역사 기록이 있다. 대무신왕의 모후인 왕후 송씨가 기원전 17년에 사망한 기록이 있는데, 기록을 보면 대무신왕(무휼)의 탄생 시기가 왕후 송씨 서거 이후로 되어 있다. 왕후는 기원전 17년에 서거했는데, 셋째 왕자 무휼은 서거 21년 후인 AD 4년에 태어난 것으로 기록되어 있다.

이것은 낙랑공주 설화가 발생된 시점의 고구려 역사 기록에 문제가 있다는 것이다. 동일한 전승 기록을 가진 두 나라 중에서 한국의 고대국가인 고구려의 역사에 모순된 부분이 존재하고 있다는 것은 두 나라가 가지고 있는 전승이 동일한 사건에서 발생되었다는 동일기원 가능성에 대한 실낱같은 희망을 보여주고 있다.

베트남의
고대국(어우락과 남월)

베트남과 한국의 역사 중에서 낙랑공주 설화가 발생된 시기는 어우락국과 남월국의 시기로, 이 시기는 한국은 부여와 고구려의 시기라고 볼 수 있다.

● 어우락(Au Lac)국(BC 258년~BC 207년 or BC 179년)

기원전 258년에 베트남의 영웅인 An Dương Vương(안 듕븅)에 의해서 고대 오랜 역사를 가진 훈븅왕조가 막을 내리고, 낙비엣(Lac Viet)과 어우비엣(Au Viet)이 통일되어 어우락국(Au Lac)이 건국된다. 베트남의 영웅 안 듕븅은 쓰촨성에 있었던 고촉(古蜀, ⓒ고수)국에서 온 왕자라는 의견이 있다.

고대 백월(百越)족을 통일시킨 안 듕븅은 중국 군사의 침략을 막기위해서 성을 건설하였는데, 그 성의 이름을 고라(Co Loa)라고 했다. 기원전 200년~179년경 남월(Nanyue)국이 어우락(Au Lac)국을 침략했고, 이 전쟁에서 어우락국의 공주가 남월국 왕자의 꼬임에 빠져 나라를 배신하면서 어우락국은 남월국으로 병합되었다. 바로 이때 베트남판낙랑공주 설화가 발생하게 되었다고 한다.

● **남월국**(BC 207년~BC 110년)

베트남판 낙랑공주와 호동왕자 설화를 발생시킨 남월국은 한국 전승에서는 고구려의 역할에 해당된다.

남월왕국을 건국한 사람은 조타라고 하는데 조타는 원래 진나라의 장군으로 중국 남부에 위치한 남해군에 소속되어 있었다. 남해군의 위치는 현재 중국 남부 광둥성(廣東省) 지역으로 고대에 월(越)민족의 땅이다.

남월국은 기원전 207년에 건국해서 기원전 110년경에 중국 한나라(서한)의 침략으로 멸망한 조타왕조로 남월국이 건국된 기원전 207년은 유방과 항우 등 대륙의 제후들이 진나라에 반기를 들어 대규모 전장에 휩싸이는 등 극히 혼란스러운 상황이었다. 이 혼돈의 시기에 중국 남해군을 관할하고 있었던 조타는 남해군의 월(越)민족의 관리들에게 급보를 전한다.

"북쪽(중원) 오랑캐들이 쳐들어온다.
당장 군대를 요새에 배치해 남쪽으로 오는 길을 막고,
군사로 하여금 방어하도록 하라!"

그리고는 군사가 각 요새로 분산된 틈을 이용하여 각 요직의 관리[진나라 및 월(越)족 관리]들을 죽이고, 자기 사람들로 하여금 그들의 자리를 차지하게 하였다. 기원전 206년에 중국 최초의 통일 왕조인 진나라가 멸망하자, 기원전 203년경에 이르러 조타는 계림(桂林)과 상(象), 두 군을 병합하고 스스로 남월 왕에 올라 무왕(武王)이라고 칭했다.

이처럼 남월국은 진나라 말기에 건국된 나라로 건국과정이 우리나라 고대국가 중 위만조선에서 나온듯하다.

　연나라의 위만이 연의 영내에서 군사 천여 명을 이끌고 패수(浿水)를 건너서 그들과 결탁하여 자기 세력을 기른 다음에 위만은 준왕에게 사람을 보내어 거짓으로 한나라 병사가 쳐들어오니 내가 들어가 왕을 호위하겠다고 하였다. 그러나 갑자기 군사를 몰아 준왕을 쳐서 나라를 빼앗고, 스스로 조선 왕이라고 하였다. 기원전 194년부터 기원전 180년의 일이라고 한다.

> 오우~~ 비스므리 한것 같은뎅...
> 남월은 기원전 111~108년경에 망하고
> 위만조선도 기원전 108년에 망하고...
> 흠 **: 냄새가 나!! 것도 아주 마니!!

구가인

한국의 고대국
(부여와 고구려)

● 부여

부여는 기원전 222년 이전에 건국되었던 고대국가로 건국자인 동명왕이 북쪽의 탁리국(橐離國, 또는 고리국 藁離國)에서 이주하여 부여를 건국했다. 동명왕은 탁리(고리)국을 도망하며 부여에 이르러 왕이 되었다. 또한 그의 후손인 추모(주몽)은 부여국으로부터 도망하여 흘승골성(紇升骨城)에 이르러서 살았다. 부여라는 명칭은 부의(布依), 부예(濮越, 布越), 부이(濮夷, 布夷) 등으로도 기록에 보이는데, 이것은 음(소리)에 한자를 차입하면서 夷(이), 依(의), 越(예) 등 서로 음이 전환된 동일한 명칭이다.

동명왕은 탁리(橐離)국에서 왔다고 했는데 탁리(橐離)라는 지명이 중국 서북부 지역에 존재하고 있다. 중국의 신장 위구르 자치구에 있는 사막의 이름으로 타클라마칸 사막이다. 남쪽으로는 쿤룬산, 남서쪽으로는 파미르 고원, 서쪽과 북쪽으로는 톈산(천산)산맥이 있다. 타림(Talim)분지에 있는 'Takla 또는 Takli Makan desert'는 타클라마칸 사막이라고 발음하지만, 타클리 마칸이라고도 한다. 이 타클리(Takli)라는 발음이 동명왕이 왔다고 하는 탁리(TaG + li, TaK + li)에 가장 가깝다. 위구르(Uighur) 고서에서는 타림 북부에 있던 토카리안(Tocharian)들을 가리켜 toxri(탁리)라고 한다. 우리의 기원이라고 할 수 있는 동명왕이 원래 있었던 국가의 이름이 중국 서북쪽에 이름 지명과 동일한 것이다.

● 고구려("졸본부여 왕의 뒤를 이어" 건국)

추모(鄒牟, BC 58년~BC 19년)왕은 고구려의 건국 시조이다. 성은 고(高)씨이며, 휘는 주몽(朱蒙)으로, 추모(鄒牟), 중모(中牟), 중해(衆解), 상해(象解), 도모(都牟), 도모(都慕)라고도 한다. 삼국사기에서는 추모(주몽)의 탄생 연도를 기원전 58년으로 부여의 대소 왕으로부터 위해함을 피해 남쪽 졸본에 정착하였다고 한다. 추모(주몽)왕은 기원전 37년에 "졸본부여 왕의 뒤를 이어" 고구려를 건국하고, 자신의 성(姓)을 고(高)라 했다.

중국의
서북지역에서 온
왕자

이제 베트남과 한국의 고대국의 연결요소가 존재하는지 확인해보자. 베트남의 어우락국을 건국한 안 듕뷩왕은 쓰촨성(사천성) 지역에서 온 왕자라고 하고, 부여를 건국한 동명왕은 탁리국에서 왔다고 했다. 그런데 탁리의 지명(地名)에 가까운 명칭(Takli, Takla)이 남아있는 곳이 쓰촨성의 북쪽인 신장 위구루 자치구에 존재하고 있다. 동명왕과 안 듕뷩왕은 둘 다 다른 곳(중국의 서북지역)에서 와서 국가를 건국했던 것이다.

어우락국으로 통일되기 이전의 국가인 어우비엣(Au Viet)은 한자로 甌越(구월)이다. 이 나라는 늦어도 기원전 300년 이전에 국가를 성립했고, An Dương Vương(안 듕뷩)에 의해 통치가 되었으며 그 나라의 국민들은 백월족이라고 한다.

어우비엣은 동구(East Ou)와 서구(West Ou)가 존재했는데, 그 나라를 Ou(區 구) 또는 Ouyang (歐陽 구양)이라고도 불렀다. 구양이라는 발음은 한국의 고향이라는 소리와 아주 가깝다.

베트남의 어우비엣(Au Viet, 甌越)은 중국 발음으로는 오예의 음이고, 우리 발음으로는 '구월'의 음이다. 즉 구월(甌越)은 구예 또는 어우비엣의 발음으로 동일한 국가에 대한 서로 다른 발음인 것이다. 이렇게 동일 사물에 대한 다른 명칭이 우리의 역사를 찾는 데 필요한 중요한 단서가 될 것이다.

빈약한 사료(史料)

우리에게 알려진 부여에 대한 사료가 너무 빈약하고 또한 베트남의 고대국인 어우비엣과 어우락 등의 사료도 매우 적기 때문에, 그 두 고대국가의 연관성을 비교하기에는 무리가 있는 듯하다. 그러나 베트남판 낙랑공주와 호동왕자 설화를 발생시켰던 국가인 남월국은 어우락국에 비해서 전해진 사료가 조금 더 있기 때문에, 전승에서 고구려의 역할에 해당되는 남월국에 대해서 조사를 해봐야, 두 나라의 전승에 대한 연구가 진행될 수 있을 것 같다.

백의민족

남월(越)왕국

Part 2

진시황의 대륙 통일

　베트남판 낙랑공주 설화에서 남월국의 쫑띠왕자가 어우락국의 미쩌우공주에게 나라의 신무기인 영광 금조신노(靈光 金爪神弩)를 망가뜨리게 한다. 그 후에 남월국의 침공을 받아 어우락국은 남월국에게 병합된다. 이때 공주는 아버지인 왕의 손에 죽임을 당하고, 쫑띠왕자는 공주의 죽음에 슬픔을 이기지 못하고 자살하게 된다.

　한국의 고구려와 동일한 역할을 했던 남월국은 중국의 고대 백월민족의 나라로 베트남의 고대 조상이 되는 월(越)민족의 국가이다. 베트남의 민족이라고 하는 월(越)민족이 진시황제의 50만 군사와 싸워이겼음에도 불구하고 진시황제의 2차 침공으로 멸망당했다.

　이 역사에 대해서 알아보고, 그 이후에 세워진 국가인 남월(南越)국이 건국해서 멸망할 때까지 90여 년의 역사를 통해 베트남판 낙랑공주와 호동왕자의 기원을 알아보자.

　월(越)이라고 불리는 민족은 원래 중국 서부(사천, 베트남 북부), 남부(푸젠, 광둥), 서북부(신장지구, 타림분지, 천산 인근 지역)에 거주한 아주 오래된 민족으로, 기원전 218년에 중국 진시황제가 다스리는 진나라에 의해서 그들의 오랜 역사가 잠시 멈추게 되었다.

베트남의 고대국가 남월왕국이 건국되기 이전인 기원전 218년의 중국 진시황제 시대에 벌어진 일련의 역사적 사건들을 알아보자. 그 당시에 발생된 가장 큰 역사적 사건이라고 하면, 중국 고대국가 진나라에 의한 중국 최초의 통일이라고 할 수 있다.

중국대륙 통일

진나라(BC 221년~BC 206년)는 시황제[이름 영정(嬴政), 49세 사망]에 의해 중국대륙을 통일한 중국 역사상 최초의 통일국가이다. 중국대륙을 통일한 진나라 왕 '시황제(始皇帝)'의 의미는 중국대륙을 통일한 첫 황제임을 기념하기 위해서 최초의 황제라는 뜻으로 붙인 호칭이다.

기원전 3세기 후반에 진나라는 그 당시 가장 강력한 제국이었던 주나라 왕실의 국력이 약해진 틈을 타서, 주나라 정복을 필두로 전국 칠웅을 모두 정복하고 최초의 통일국가를 세웠다. 진나라의 중국 서남이 정벌의 결과로 중국에서 오랜 역사를 가진 고대 월(越)민족의 국가들은 그들의 영토와 역사를 잃어버리게 되었다. 이들 월(越)민족의 오랜 역사가 사라지면서 아시아의 고대역사가 수천 년간 잃어버린 역사가 되어서 그 흔적마저 사라져버렸고, 이로 인해 지금의 아시아인이 어디에서 왔는지 누구의 후손인지도 찾을 수도 없게 되었으며, 인류역사 일부도 미궁 속에 빠지게 되어버렸다.

통일 당시에 진나라의 군사력은 강성했으나 그 강성한 군사력은 얼마 가지 않은 기원전 210년 진시황의 사망 이후에 급격한 하락의 길로 들어서게 되었다. 시황제가 사망한 후 그의 아들이 황제의 자리에 올라 시황제의 왕권을 계승하였지만, 신하들의 계속되는 권력 다툼으로 나라는 혼란 속으로 빠져들었다. 이에 따른 중앙 정부의 결속력 약화가 지방 관료의 부패로 이어졌고, 시간이 흐를수록 백성의 고통은 점입가경에 이르게 되었다. 진시황제에 의해 전국을 통일한 지 15년밖에 지나지 않은 상황임에도, 유방, 항우 등 걸출한 영웅들이 웅비하게 되면서 결국 진나라는 멸망하고 유방이 그 뒤를 이어 한나라(서한)를 건국했다.

서구(西甌) 월(越)국

진시황제가 공격한 서남이의 국가는 영남 서부 지역에 위치하고 있는 서구(西甌)와 광둥지방의 월(越)국으로 이 나라의 주요 구성원들은 백월(百越) 사람들이었다. 이 지역은 기원전 218년~214년에 진나라와 전쟁에서 패한 후 진나라 계림(桂林)군에 속하게 되었다.

진나라의 군대가 중국 남부의 越국들을 점령한 후, 서구(西甌) 월(越)민족 국가를 대상으로 공격을 이어갔는데, 서구(西甌)라고 하면 베트남의 어우비엣(甌越, 구월)국 중에서 서쪽 지역인 광둥, 쓰촨 그리고 베트남의 북부지역인 교지지역들을 가리킨다. 서구와 동구를 다 합친 영토가 어우비엣(甌越, 구월)의 영토이니, 그 영역의 크기가 도저히

상상이 안 될 정도이다. 동구(푸젠성)부터 서구까지가 모두 어우비엣(구월)국이면 너무 광활하다. 진나라군에 맞서 싸웠던 서구(西甌)의 대(大)항쟁의 역사를 찾아 월(越)족과 진나라의 전쟁사를 알아보자.

현재의 베트남 사람들은 고대 월(越)민족의 후예로, 베트남의 고대 민족이 바로 진시황의 군사와 맞서 싸운 중국의 서남이 국가다. 더 군다나 월(越)인들은 한국인의 기원에 중대한 역할을 하는 민족으로, 그들의 역사는 오랑캐가 아닌 고대에 아주 오래된 뿌리 깊은 민족의 역사이다.

진나라의 50만 대군의 침략

진시황제는 기원전 2세기에 중국 중심부의 강대국인 초나라 등 6개국을 모두 정복한 이후에, 북부지역에 위치하고 있었던 그 당시 강력한 군사력을 가진 흉노와 서남지역에 위치한 월(越)민족의 국가들을 침략하는데 중앙 정부의 모든 역량과 지원을 집중했다.

드디어 기원전 218년, 진나라군은 장군 도수(Tu Sui)를 총사령관으로 지명하고 중국 진정지역 출신의 장군 조타를 부사령관으로 임명하여 서남이 정벌에 깃발을 올렸다. 그들의 군사는 가히 하늘 아래 모든 국가를 넘볼 수 있을 정도인 50만의 대군이었다. 진나라의 50만 거대 침략군을 맞은 중국 서남부의 월(越)나라 사람들은 그들의 의지와는 상관없이 피비린내 나는 전쟁에 휩쓸리게 되었다. 진나라의 수십만 대군을 맞은 서남이 월(越)나라 사람들은 굴복하지 않고 진나라 군사에 맞서 싸웠다.

베트남의 고대국가인 서구에 진시황제의 거대한 군대가 침공을 한 것으로 군사 수에서 월등한 우위를 가진 진나라군은 중국 남부지역을 평정한 후, 서쪽지역의 월의 국가들에 대해서 맹렬한 공격을 퍼부었다. 쉽사리 점령하리라고 예상했던 진나라의 막강한 수십만 대군은 총공격을 가하였음에도 불구하고, 그들 월(越)인들을 좀처럼 무너뜨릴 수 없었다. 진나라의 거대한 침략군에 맞서는 월(越)인들의 처절함은 말로 표현할 수 없을 정도로 참혹했지만, 목숨을 바쳐서라도 그들의 조국을 지키려는 서구(西甌) 월(越)인들은 진나라의 대군을 맞아 절대 한 치도 물러서지 않았다.

끝없이 밀고 들어오는 진나라의 거대한 군대를 바라보는 월인들은 두려움과 절망 그 자체였고, 너무도 힘든 싸움은 계속되었지만 월(越)인들은 한걸음도 물러서지 않았다. 그리고 그들의 공방은 오랫동안 계속 이어졌다.

서구(西甌) 월(越)왕의 죽음

월(越)인들과 진나라군의 계속된 치열한 공방 전속에서 결국 서구의 왕이 죽었다. 서구 왕의 죽음으로 기원전에 발생한 이 거대 전쟁은 끝나리라 생각했지만 진나라군의 그러한 희망은 얼마 가지 않고 무너져 내렸다. 서구 월족의 새로운 조직적이고 대대적인 저항이 시작되었기 때문이다.

그들 서구 월(越)인들은 진나라의 생각과는 달리 이 전쟁에서 패했다고 생각하지 않았고 그들은 단 한 명의 굴복도 없이 다시 일어섰다. 왕의 죽음이 그들 월(越)민족 전체의 죽음이 아니었다는 것을 알았기에, 그들은 왕의 혈통을 계승한 새로운 백월 왕을 모셨고 그 지도자와 함께 다시 일어선 것이다.

끝은 없었기에 월 용사들은 왕의 자리를 승계한 새로운 백월왕을 중심으로 진나라 군사들과의 전쟁을 이어 갔다. 그들은 절대로 항복을 생각하지 않았다. 수천 년 동안 이어진 월(越)인들만의 존엄성이 바로 항전의 이유였다. 월의 존엄과 신성함은 이 세상 그 어떤 힘 앞에서도 당당했기에 월의 용사들은 무너지지 않았다.

그러나 월의 용사들의 확고한 항전의지에도 불구하고, 압도적으로 우세한 군사 수로 밀어붙이는 진나라군 앞에서 월(越)의 용사들은 고전을 면치 못하였다. 수십만 진나라 군사를 맞이하여 치르는 대(大)전쟁이라는 면에서, 수적으로 절대적으로 불리한 월(越) 용사들은 진나라군사와의 정면대결을 피하는 대신에 끊임없는 소규모의 게릴라전을 통해 진나라군을 공격해나갔다.

깊은 계곡들과 적군의 시야를 가려주는 우거진 숲을 낀 야전 등 수많은 전투에서 월의 용사들은 한 치의 굴함도 없이 항전을 계속해나갔다. 끝없이 이어진 피비린내 나는 전장의 수많은 적군 앞에서 좀처럼 전장의 승세를 바꾸지 못하는 월의 용사들에게 드디어 신의 햇살이 비쳐졌다. 대반격의 때가 도래한 것이다.

침략군의 패배

이 세상에 존재하는 모든 불빛이 꺼진 것처럼 짙은 어둠이 내린 고요한 어느 날 밤, 월(越)용사들의 손에 쥐어진 칼에서 땀이 흘러내렸다. 백월왕을 중심으로 한 천하의 용맹한 월(越)용사들에게 강한 반격의 때가 시작된 것이다. 그들은 진나라 진영을 총공격했다. 어둠 속에 휘날리는 용사들의 칼날은 이 세상 아래 그 누구도 비켜나갈 수 없었다.

월(越)민족의 대대적인 반격은 진나라군을 압도해 나갔다. 오랜 공방전 끝에 월의 용사들은 진나라군에게 엄청난 타격을 입혔고, 결국 진나라군 총사령관인 도수(Tu Sui)를 잡아서 참수했다. 총사령관을 잃은 진나라의 군사들은 사방으로 뿔뿔이 흩어졌고, 월(越)의 용사들은 진나라 대군을 상대로 한 전쟁에서 승리의 함성을 천하에 포효했다. 그들은 자신들의 가족과 이웃을 지켰고 월(越)의 수천 년 사직을 보존했노라!! 라고 외치며 세상을 향해 울부짖었다.

진군의 재침략과 월(越)국의 멸망

커다란 피해를 입은 진나라군은 서구 월(越)을 무너뜨리는 것이 자신들의 전력만으로는 역부족하다는 것을 진나라 조정에 보고했다. 그러자 분노한 시황제는 신하들에게 추가 침략 명을 하달했다.

기원전 214년 진나라 조정은 임효 장군을 총사령관으로 임명하여,

장군 조타와 함께 대군을 이끌고 월(越)의 나라인 서구를 재침략했다. 그러나 지난 전쟁으로 큰 타격을 입은 월인(越人)들은 또 다른 진나라 대군의 침략에 결국 그들의 나라를 떠나게 되었다. 2차 침공으로 진나라가 이 전쟁에서 승리하면서 중국 서남부 지역의 거의 모든 나라들이 평정되었다.

눈물을 머금으며 타의에 의해 나라를 떠나야만 했던 월(越)인들은 가족과 뿔뿔이 흩어져 세상의 깊은 곳으로 하나둘 사라져 갔고, 그들의 희망인 월(越)인의 국가보전은 여기서 끝난 것처럼 보였다.

제1대 남월왕 조타

남월국은 백월민족의 국가로 진시황제에게 무너져버린 월(越)국의 백성들이 세운 고대국가다. 이 남월국이 베트남의 낙랑공주 설화에 나오는 국가로 한국의 낙랑공주 설화에서 고구려 역할에 해당되는 국가인 것이다. 우리나라와 동일한 설화를 발생시킨 베트남의 고대국가 남월은 과연 무엇이란 말인가?

남월왕국의 건국

중국대륙을 통일한 후 진시황제는 중국 서남부지방의 민족을 원활하게 다스리기 위한 목적으로 남해(南海), 계림(桂林), 상(象) 등의 3군(郡)을 설치했다. 3군의 총독들은 서구(西甌) 원정에 나섰던 진나라 장군들을 임명하였는데, 그중에서도 남해군의 위(尉, 총독에 해당하는 직위)는 서남이 정벌에 참여한 총사령관이었던 임효(任囂)가 임명되었고, 그 아래 부하장군인 조타는 임효가 다스리는 남해군에 속한 용천(龍川)지역 현령(縣令)으로 임명되었다.

여기에 나오는 용천 현령 조타(ⓥ 찌에우다)가 後에 남월국을 건국한 인물로 조타가 건국한 남월국은 베트남판 낙랑공주와 호동왕자에서 고구려의 역할을 했던 국가로 한국과 베트남의 기원에 대한 열쇠를 가지고 있는 아주 중요한 나라다. 그렇다면 여기에서 남해군 내에 일개 현령으로 있었던 조타가 어떻게 남월국을 건국했을까?

기원전 209년, 진(秦)나라 신하들의 권력암투와 지방 관리들의 부패로 인하여 흉흉해진 민심들을 기반으로, 천하의 영웅호걸들이 일제히 웅비하면서 중국 전역이 전란에 휩싸였다. 대혼란 와중에 남해군 용천현령이었던 조타(趙陀)는 그의 상관인 남해군 위(총독의 직위) 임효(任囂)와 긴밀히 만나서 영남지방의 지정학적인 위치에 대해서 아주 은밀한 이야기를 주고받았다. 둘만이 만나 나누었던 은밀한 이야기의 핵심은 그 지역(남해군)의 독자적인 정권 수립에 대한 가능성에 관한 의논으로, 남해군 총독인 위 임효와 남해군 내의 용천 현령인 조타는 그들의 권한인 남해군 관내에서의 관할권 그 이상을 바라보고 있었던 것이다.

조타는 남해군 위 임효(任囂)와의 만남 이후 자기 마음속 깊은 곳에서 타오르고 있는 대왕(大王)의 꿈을 억누르지 못하며 고심을 하고 있던 중 얼마 지나지 않아, 지병을 앓고 있던 남해군 위 임효(任囂)의 병세가 위중해 앓아눕게 되었다. 위 임효(任囂)는 병세가 짙어지면서 자신의 남해군 총독 자리를 남해군 내 용천 현령이었던 조타에게 물려주었고, 결국 임효는 조타에게 자신이 못다 한 일을 맡기며 죽음을 맞이하게 되었다. 죽은 임효의 총독 자리를 이어받은 남해군 위(총독의 직위) 조타는 남해군 전체를 관할했는데, 이에 만족하지 않고 기원전 203년에 중국 남부에 위치한 고대 도시 번우(番禺, Panyu)를 도읍으로 삼아 중앙정부와는 별도의 독립적인 국가인 남월왕국을 선포하고 그 자신은 황제가 된다. 결국 조타의 대망이었던 남월제국 대왕의 꿈이 실현된 것이다.

남월국의 등장

기원전 207년에 중국에 출현한 유방, 항우 등 걸출한 영웅호걸들의 세력 확장과 전쟁으로 인해서 중국이 극심한 혼란에 빠진 정국을 틈타, 남해군 위 조타(趙佗)는 지금의 광둥 지역에 월(越)민족의 국가인 남월국을 세우고 중국의 진나라로부터 자주적인 독립국가임을 선포했다.

건국과 동시에 조타는 스스로 남월무왕(南越武王)이라 칭하고, 남부 지방 정통적 월인(越人)가문 출신인 여가(呂嘉)를 재상에 등용하였다. 여가(呂嘉) 집안은 남월의 건국부터 남월이 멸망할 때까지 남월국의 황가와 같이한 중요한 가(家)이다. 남해군 총독인 위 조타가 남월왕국을 건국한 시기는 진나라를 무너트리고 한나라를 세운 유방보다 몇 년 앞섰기 때문에 당연히 황제라는 칭호도 초패왕 항우를 무너뜨리고 한나라를 세운 유방보다 먼저 사용하게 된 것이다.

**유방의
한나라(서한) 건국**

초한지에서 그 이름도 유명한 유방(劉邦)은 진나라 마지막 왕권의 간판을 내리고, 초패왕 항우(項羽)와의 전쟁에서 승리한 뒤 새로운 국가인 한나라를 건국했다. 한나라는 장안을 도읍으로 하였는데, 후에 유방의 한나라를 서한(西漢), 또는 전한(前漢)이라고 불렀다.

초패왕 항우와의 불리함을 용인술로 극복한 영웅이었던 유방은 중국의 진나라 이후에 한나라를 세우고 자기 자신은 황제로 등극하였다. 유방의 사려 깊음은 항상 그를 따르는 부하들의 마음을 향해 있었고 배려심이 깊었기 때문에, 한신 같은 천하의 영웅들이 그를 도와 그 당시 강력한 라이벌이었던 초패왕 항우와의 마지막 전쟁에서 최후의 승자가 되었다고 한다.

진나라 말기에 영웅호걸들의 등장으로 발생된 수많은 전쟁이 오랫동안 이어져 와 민중의 삶이 피폐되어있는 것을 보아왔던 한나라 고조 유방은 정권 초기에 강력한 중앙정권을 수립하기 위한 군사력 확충보다 지방호족들과의 화평을 위한 외교적인 노력에 힘을 더 쏟았다. 그는 자기보다 먼저 황제를 칭했던 남월국 조타 왕과의 전쟁을 피하고 화친정책을 선택했다. 남월의 조타와 한나라 유방이 화친을 택한 것은 남월왕국이나 한나라 모두 건국 초기로 자신들의 정권안정에 유리했기 때문이다.

남월국 건국 과정의 의혹

베트남판 낙랑공주 설화에서 고구려의 역할을 하는 남월국의 건국 초기 사료(史料)를 보면 한 가지 의문점이 생긴다. 남해군 위 임효(任囂)가 남해군 용천 현령인 조타에게 죽기 전에 남해군 총독의 자리를 물려주었는데, 남해군 총독이 된 조타의 행동을 보면 상식적으로 이해가 안 가는 점이 보이고 있다. 자신이 남해군 총독 자리에 임명되었음에도 불구하고 남해군을 강제로 빼앗는 듯한 행동을 한 것이다. 이것은 조타가 백월민족의 국가인 남월국의 권력을 완벽하게 갖지 못하고 나중에 강취했다는 것으로 볼 수 있다.

병이 든 남해군 위 임효(任囂)는 죽기 전에 용천 현령이었던 조타를 자신의 직위인 남해군의 위(총독 자리)에 임명했다. 중병을 앓던 임효가 결국 숨을 거두자 남해군 위 조타는 남해군 지역관 내에 아래와 같은 내용의 문서를 하달했다.

"북쪽 오랑캐들(중국 진나라 및 반란군)이 쳐들어온다.
당장 군대를 요새에 배치해 남쪽으로 오는 길을 막고,
군사로 하여금 방어하도록 하라!"

그리고는 군사가 변방으로 배치되어 중앙의 경계가 소홀해진 틈을 타서 남해군 내의 높은 위치에 있었던 진나라 관리 및 월인 관리들을 죽인 후에 그 자리에 자기 사람들을 임명했다. 이윽고 얼마 안 가 진나라가 멸망하자, 조타는 자신이 통치하는 남해군뿐만 아니라 이웃하는 계림(桂林)과 상(象), 두 군을 모두 병합하고 스스로 남월왕국을 세우고 왕좌에 올라 남월무왕(武王)이라고 칭했다.

바로 이 같은 행동을 남해군 총독 자리에 있었던 조타가 한 것이다. 남해군 내에서 직위가 가장 높고 권한이 가장 막강한 자리가 총독인데, 조타는 총독으로 임명된 후에 더 높은 자리를 빼앗는 행동을 한 것이다. 이것은 남해군 내에서 가장 높은 직위가 총독임에도 불구하고 자기보다 더 높고 더 막강한 권력을 강취하는 행동을 한 것으로 사료에 나와 있지 않은 무엇인가가 있다는 것이다.

이 부분을 유추해 보면 조타는 진나라가 강제적으로 그은 남해군이라는 관할의 총독이었지 그 나라를 구성하고 있는 백월민족의 왕은 아니었고, 그가 빼앗은 것은 왕의 자리로 남해군 내에 백월 왕의 자리가 존재하고 있었다는 것을 암시한다고 볼 수 있다. 사료에서는 볼 수 없는 부분이 이 대목에 내재되어있는 것이다.

위만조선에서는 조선왕 준을 몰아내고 위만 자신이 왕의 자리에 올랐다고 하는데, 위에 사료가 보여 주고 있는 것은 중국 남부지역에 존재했었던 남월에서도 총독인 조타가 사료에 나오지 않은 어떠한 높은 자리를 빼앗기 위해서 거짓 정보로 군사들을 흩어지게 한 후 그 자리를 강탈한 것이라고 보여주고 있는 것으로서 위만과 조타가 동일한 인물일 가능성을 보여주고 있는 것이다.

남월과 한나라의 오랜 전쟁

이 시기에 중국 중심부에서는 유방이 해하(垓下)지역에서 초패왕 항우와의 싸움에서 최후의 승리를 거두고 기원전 202년에 한(漢)제국을 세웠다. 황제 자리에 오른 유방은 자기보다 먼저 황제를 호칭한 남월 왕 조타를 공격해야 한다는 신하들의 청을 듣게 된다.

그러나 항우를 제압하고 천하를 움켜쥔 한 고제(高帝, 유방황제)는 수년에 걸친 전쟁으로 피폐한 민심을 다독거릴 목적으로 군대 소집에 승낙하지 않는다. 남월을 침략할 군사를 소집하지 않는 대신에 한(漢)나라의 사자(외교관) 신분으로 육가(陸賈)를 보내 남월국 조타 왕과 화친 동맹을 체결한다.

기원전 196년, 남월왕 조타를 알현한 한나라 사신 육가는 남월 왕 조타가 한나라와의 적대관계를 지속하려 한다면 한나라 조정은 조타 왕의 친인척을 몰살할 것이고, 또한 조타 왕의 조상 묘를 파헤치게 될 것이라고 위협했다. 그렇지만 만일에 남월 왕 조타가 한나라에 대한 신하국가 위치에서 한나라를 섬기려 한다면 한나라 조정은 남월국에 대해 간섭하지 않겠다고 했다.

조타 왕으로서는 한나라와 전쟁을 하는 것보다 월(越)민족들로 구성된 주변의 군소 국가를 병합해서, 옛 월(越)국의 영광을 재건하는 편이 낫다고 판단하고 한나라와의 동맹에 응했다. 형식적으로야 한나라와 신하국 관계로서의 동맹일 뿐이지, 실제로 남월국 내에서나 주변 국가들과의 외교에 있어서는 독자적인 국가의 형태로 자치국으로서의 통치기반을 확고히 다져나갔다.

유방의 한나라와 화친을 맺은 남월국은 월(越)민족 백성들을 한데 모아서 그들에게 평화로운 생활을 유지하게 하였고 월(越)인들만의 독자적인 풍습을 지켜 주었으며 강력한 군사력을 바탕으로 변경이 침범을 받지 않도록 했다. 진시황제의 서남이 침략 후, 잠시나마 나라를 잃었던 월(越)인들에게 또다시 안정적인 월(越)인들의 국가가 형성된 것이다. 이 당시에 남월 영토 일부는 한나라와 동맹국인 장사국(長沙國)과 국경을 접하게 되었는데, 이 장사국 또한 백월민족으로 구성된 월인(越人)의 국가였기 때문에 장사국(長沙國)의 왕을 백월(百越) 왕이라고 칭했다.

기원전 195년, 한나라 고조(高祖) 유방이 서거하면서 혜제(惠帝)가 즉위했으나 나이가 어려 황태후인 여치가 그의 후견인을 맡았다. 그러나 기원전 188년에 혜제 왕이 황태후 여치의 횡포에 충격을 받고 사망하자, 그 아들인 공을 황제로 옹립하고 황태후 여치 본인은 태황태후(고후, 高后)가 되었다. 조타의 남월국과 한나라의 고후(高后)는 오랫동안 전쟁을 하는데, 이 오랜 전쟁은 고후(高后)가 기원전 180년에 죽어서야 멈추었다. 고후가 기원전 188년에 등극해서 제후왕들과 극한 대립했으니, 그녀가 죽은 기원전 180년까지 거의 8~9년 동안 전쟁을 한 것으로 보인다.

고후(高后)가 정권을 잡았을 당시에 유방의 유(劉)씨 성이 아닌 자가 왕으로 있는 제후왕들에 대한 대대적인 축출을 감행하자, 유방을 도와준 답례로 왕이 되었던 제후왕들의 군사적 반발이 심해졌다. 그중에서 유명한 사건으로는 고조 유방 시기에 유방의 충복이었던 천하의 명장 초왕 한신이 반란을 획책했다고 누명을 씌워 죽인 사건도 있었다. 그녀는 또한 다른 여러 제후왕들도 모두 반란죄로 몰아 참수를 했는데, 오직 남월국과 대치하고 있는 장사국의 왕인 오예 왕만이 그의 자리를 유지하게 해 주었다.

이 당시에 남월과 영토분쟁을 자주 벌였던 장사국 왕이 한나라의 관리들에게 로비를 해서 남월국의 철기를 사고팔지 못하도록 이간질성의 상소를 했다. 이에 가뜩이나 굴복하지 않는 남월을 못마땅하게 생각했던 고후는 남월 왕 조타의 고향인 진정(眞定)에 군사를 보내어 조타의 친인척을 몰살시키고 남월 왕 조타의 조상 묘까지 파헤쳐버려 조타의 조상에게 제를 올리지 못하게 했다.

한나라와의 교역 중지 소식을 들은 남월 왕 조타가 한나라 고후에 서신을 보냈다.

"前 황제와 나는 서로를 인정하여 화친해서
사절을 서로 통하고 물자의 교역을 허락했으나
고후가 교역을 끊어버렸다.
이것은 장사(長沙)국 왕이 관련된 것임에 확실하다.
한나라의 힘을 빌려 우리 남월을 고립시켜
우리의 땅을 차지하려고 한 것이다."

남월국 왕 조타는 자신의 친인척이 몰살됐다는 소식을 접하고는 이를 기회로 여겼는지, 아니면 자기 조상의 묘를 파헤쳤다는 말을 전해 듣고 너무 분했는지, 조타로서는 군사를 동원할 명분이 확보된 것이었고 이 기회를 놓치지 않았다. 이에 남월 왕 조타는 자기 자신을 남월무제(南越武帝)라고 다시 황제 칭호를 사용하고 군사를 보내 장사국의 영토를 공격하여 여러 개의 현을 함락시켰다.

남월국 조타가 자신들의 동맹국인 장사국을 침범했다는 소식을 전해 들은 한나라 고후(高后)는 장군 조(竈)에게 남월을 공격하도록 명을 내렸다. 한나라 장군 조(竈)는 조정의 명을 받들어 군사들을 이끌고 남월국으로 향했다. 그러나 한나라 군사는 남부지방의 찌는 듯한 더위와 폭우에 좀처럼 적응을 하지 못하던 중에 전염병까지 돌아 군사들의 사기 또한 많이 떨어져 버려서 한나라의 군사적 굴기는 남월군을 압도할 수가 없었고 오히려 조타의 남월군이 모든 군사 충돌에서 승승장구했다.

남월왕국의 영역

남월왕국은 중국 서남부에 있었던 백월민족 국가 중에서 가장 큰 영역을 차지했던 왕국으로 기원전 2세기 초에 건국해서 기원전 110년 서한 무제에 의해 침략을 당해 망했다. 남월은 중국 남서부 전역을 차지할 정도로 거대한 영토를 차지했지만 위만조선과 마찬가지로 서한 시기에 한나라 군사의 침략으로 무너진 것이다.

진나라군의 침략으로 뿔뿔이 흩어져있었던 백월(百越)인들은 다시 국가를 재건했는데, 남월국도 그때 다시 건국된 여러 월(越)국 중의 하나이다. 그러나 국가의 새 기틀을 잡기도 전에 또다시 서한 무제의 침략으로 멸망했던 것으로 우리의 위만조선이 건국하고 멸망한 방식과 완벽하게 동일하게 건국하고 멸망했다. 남월왕국은 기원전 2세기에 건국해서 기원전 110년경에 망했고, 위만조선도 기원전 2세기에 건국해서 기원전 108년에 망했다.

남월왕국은 현재 중국의 영남, 광동에 존재했는데, 한국에서는 경상도를 영남이라고 하고, 중국에도 똑같은 영남이란 이름의 땅에 남월이 존재했었던 것이다. 중국의 영남은 오령(五嶺)산맥 이남에 있는 광동과 광서를 말한다. 고대에는 중국 중심부(중원)에서 광동 또는 남해를 가려면 이 오령(五嶺)산맥을 반드시 통과해야 했다. 그만큼 중원과 동떨어졌고 그 당시에는 대군으로 움직이기에는 운신의 폭이 많지 않았다. 이러한 이유로 영남 지방은 몇 개의 전략적인 군사요충지를 선점하면 공략하기 쉽지 않았었다. 그런 천혜의 지형요건을 갖춘 지역에 남월왕국이 건국된 것이다.

남월국과 장사국과는 같은 백월(百越)민족의 국가인데도 사이가 참 안 좋았군! 고구려와 부여처럼! 지금 남하니스탄과 부카니스탄처럼! 잘 지내야 할 텐데~~

구가인

전승의 태동과 조타의 서거

베트남판 낙랑공주 설화의 태동으로 볼 수 있는 유력한 사건인 백월민족들의 병합이 발생되는 시기로 병합된 국가들과 그 당시의 사건을 알아보자. 베트남판 낙랑공주의 설화의 발생으로 한국의 낙랑공주 설화의 기원이 밝혀질지도 모른다. 이는 한국의 고대국가인 고구려와 낙랑국과도 연관되어 있다는 것으로 의미가 크다.

**남월의 주변국
병합과 전승의 태동**

남월국을 제압하기 위해서 침략했던 한나라 군사들은 이 전쟁을 지시했던 한나라 고후가 기원전 180년에 죽자 남월에서의 퇴각을 단행하는데, 한나라군의 철수를 지켜보고 있던 남월 왕 조타는 한나라와의 전쟁 때문에 동원되던 군사를 이용해 주변국을 공략했다.
한나라와의 전쟁을 승리로 끝낸 남월국은 같은 백월(百越)민족 국가인 민월(閩越), 구락(甌雒), 통십(通什), 야랑(夜郞) 등을 회유하여 복속시켜 기원전 179년에는 남월의 영역을 만여 리나 넓혔다.

● 전승의 발생

이 시기에 남월이 복속시킨 구락(甌雒)은 베트남의 고대국가였던 어우락(Au Lac)이고, 어우비엣(Au Viet)과 낙비엣(Lac Viet)이 안 듕붕에 의해서 통일된 나라이다. 바로 이 남월의 구락국 병합이 베트남의 낙랑공주 설화가 발생한 사건이다. 남월이 주변의 월(越)국들을 병합하기 위해서 베트남의 고대국가인 어우비엣과 낙비엣의 나라를 침략하면서 베트남판 낙랑공주와 호동왕자 설화가 후대로 전승된 것이다. 남월이 한나라와의 오랜 전쟁을 승리로 끝낸 후에 그 자신감으로 주변의 월(越)국을 병합하면서 전승이 탄생됐다.

그런데 여기에 나오는 낙비엣(Lac Viet)국의 명칭은 한국의 고대국가 중 하나인 낙씨부여를 연상시키고 있는데 이 국가는 백월의 나라이고 이 시기에 병합된 또 다른 국가인 야랑국 또한 백월의 나라다. 이 야랑국은 백월민족 중의 한 갈래인 부의족과 거라오족이 주요 구성원으로 이루어진 국가로 후에 자세히 설명을 하겠다. 베트남판 낙랑공주 설화가 발생된 시기에 남월에 병합된 나라들은 모두 백월민족으로 조타의 남월이 백월민족들을 통합한 사건이 바로 베트남의 낙랑공주와 호동왕자 설화가 생긴 사건인 것이다.

기원전 180년 한나라의 호전적인 고후가 죽음으로서 천하가 안정되었고, 이어 효문제가 한나라 황제의 자리에 오르자 한나라 조정은 제후들과 주변의 국가들에게 외교사절을 보내 새로운 황제의 등극을 알렸다. 또한 한나라 조정은 남월과의 화친정책을 펼 목적으로 진정(眞定)에 있는 남월왕 조타의 조상 묘에 다시 민호(民戶)를 설치하여 해마다 제사를 받들도록 해서 고후 시기에 남월과의 오랜 전쟁을 이어가지 않겠다는 뜻으로 남월에게 우호적인 신호를 보냈다.

남월을 침략했던 고후가 죽자 남월과 오랜 전쟁을 해온 한나라는 남월과 화해의 손을 잡기 위해 또다시 육가를 사신으로 보냈다. 남월왕 조타는 한나라 사신인 육가를 만나서 지금까지 사용해 오던 황제 칭호를 버리고 앞으로는 한나라의 번신(藩臣)이 될 것을 약속했다. 사신 육가에게 보여주려는 듯 남월왕 조타는 나라 안에 그의 명을 내렸다. 하달한 명의 내용은 다음과 같다.

"이웃국가 중 동월과 민월에서는
천 명의 군장에 불과한 자도 왕이라고 칭하고,
서구(西甌)나 락나(駱裸)국까지도 역시 왕호를 칭하고 있다.
그러하니 남월에서 황제의 칭호를 사용하는 것은
당연하다고 생각했다.
그러나 두 사람의 영웅은 동시에 존재할 수 없으니
이후로는 내가 황제라는 칭호를 버리겠다."

이렇게 남월 영내에 명을 내려 황제의 칭호를 버리겠다고 약속해 한나라 사신을 만족시켰지만, 이후에도 남월국 내에서는 황제의 칭호를 계속해서 사용했다. 본연의 임무를 완수한 육가가 흡족해하여 한나라로 돌아와 남월왕 조타와의 협상 내용을 보고하자 효문제는

크게 기뻐했다. 이어서 남월에서는 효경제 때 신하를 칭하여 사자를
보내 조현을 올렸다.

락나(駱裸)와 라라   한나라 사신인 육가가 한나라 무제의 서신을
가지고 남월국에 당도해서 남월왕 조타에게
한나라 왕의 서신을 전하며 화친의 뜻을 전
하였고, 남월국의 조타 왕 역시 한나라 사신
에게 글을 써서 그의 뜻을 전하였는데, 그 서
신 안에는 어디서 많이 들어 본 듯한 국가의
명칭이 거론되고 있다. 락나(駱裸)라고 하는 국
가인데 서신의 내용 중 국가의 명칭이 나오는
글의 일부는 앞에서 본 내용과 같다.

"서구(西甌)나 락나(駱裸)국까지도 역시 왕호를 칭하고 있다.
그러하니 남월에서 황제의 칭호를 사용하는 것은
당연하다고 생각했다."

조타의 서신에 나오는 서구(西甌)는 베트남의 고대국가인 구월이고
락나(駱裸)라는 국가는 우리나라 고대국가인 낙랑과 그 음이 유사하
다. 또한 그 명칭의 중국 발음이 뤄롸(luoluǒ)로 간단히 루루 또는 라
라 라고 소리를 낸다. 이 발음은 신채호의 『조선상고사』에 나와 있는
문구를 보면 그 명칭의 중요성이 의미심장하다.

"(고)구려는 큰물을 의지하여 나를 만들어 산다고 하였다.

나라는 옛말의 라라이다."

락나(駱裸)에서 라라의 발음이 나오고 라라는 나라의 뜻이라고 한 다. 나라 또한 한국의 전승에 나오는 낙랑의 소리와도 비슷하다. 락 나 라라 나라 낙랑 낙비엣 낙월은 그 소리의 유사성과 동시대에 사 용되었다는 점에서 그 의미하는 바가 크다.

락나 낙랑 낙비엣, 낙랑공주와 똑같은 베트남판 고대 설화를 추적 하다 보니 점점 우리나라의 고대국과 비슷한 명칭들이 많이 나오고 있는 것으로 보인다.

남월왕 조타의 서거 남월왕 조타는 여전히 자기 본국에서는 황제 제호를 사용했으며, 한나라 조정에 사자를 보 낼 때와 외교문서 상에서만 다른 제후들처럼 왕이라고 칭했다.

남월은 한나라와의 관계에 있어서는 최소한의 동맹관계를 유지하 면서 독립적인 국가 통치를 유지했고, 월(越)민족 자신들만의 독창성 을 이어왔다. 그렇게 독립적인 국가로 발전하던 중 기원전 137년인 한 무제 4년에 남월의 건국자인 조타 왕은 숨을 거두게 된다. 그의 뒤를 이어 조호(趙胡)라는 자가 제2대 왕 남월 왕으로 등극하게 된다.

전승의 기원에 대한 의문점 추적

남월의 연대기를 살펴보더라도 다른 고대국가들처럼 자료가 불충분하기는 마찬가지다. 남월과 주변국과의 관계인 동맹, 외교, 전쟁, 교류 및 황실에 대한 중요한 역사적인 기록들이 칼로 무를 자른 듯이 노출된 정보들은 극히 일부분이라 아쉬운 것이 많다.

베트남판 낙랑공주 설화의 기원이 한나라와의 전쟁을 승리로 이끈 남월이 주변의 백월(百越)국들을 병합하면서 발생되었다고 했다. 그 베트남의 설화가 왜 우리 한국의 낙랑공주와 호동왕자의 설화와 똑같은지에 대한 의문점을 조사할 때 가장 고마운 것이 남월에 대한 자료다. 미약한 자료이긴 하지만 진실의 역사를 찾아서 이제부터 남월의 제2대 왕 조호에 대해서 알아보자.

사료에 나와 있는 조호라는 이름은 실제로 맞는 이름이 아니다. 그의 진짜 이름은 다른 이름이다. 그럼 남월의 제2대 조호 왕의 실제 이름은 무엇이고 그가 재임할 당시에 역사적으로 어떤 일이 벌어졌는지 알아보자.

남월왕 조호와 조영제

베트남판 낙랑공주 설화에 나오는 남월이 발생시킨 전승은 기원전 179년경 남월국의 주변 월(越)국 병합시기에 발생된 것이 확실한데, 그럼 어떻게 한국에도 똑같은 전승이 있는지 알아보자. 어느 시점에 남월의 어느 왕이 우리의 고구려와 연관되어 있는지 모를 일이다.

남월 제2대 왕
조호(趙胡)

남월 건국자 조타 왕에 이어서 등극한 남월 제2대 왕의 이름은 조호(趙胡)라고 한다. 남월국 건국자인 조타의 손자로 후에 남월문왕(南越文王)이라 칭해졌다.

조호(趙胡)는 조타의 손자라고 하는데, 조타의 아들이 아닌 손자인 조호가 남월왕국의 제2대 왕으로 추대된 것이다. 중국의 사료를 뒤져봐도 조타의 아들에 대한 기록은 보이지 않는데도 불구하고 조타의 손자라는 자가 남월의 왕이 된 것이다. 남월의 제2대 왕 조호(趙

胡)가 건국자인 조타의 손자라고 하는 것은 정확히 말해서 중국사의 사기(史記)다. 조타의 손자가 왕으로 추대된 이유에 대해서 중국에서는 이렇게 주장한다.

"조타는 백 살 넘게 살았다.
조타의 아들이 있었는데 그의 이름은 밝혀지지 않았다.
조타 아들이 장수한 조타보다 먼저 죽었기 때문에,
조타의 손자인 조호가 남월국의 왕권을 계승했다."

진나라 장수이었던 조타 왕의 서거 후 왕의 계승은 그의 아들을 건너뛰고 손자로 이어졌다고 한다.

이 내용을 보면 "아~ 조타 왕이 장수해서 그렇게 될 수도 있겠구나!" 하고 생각할 수도 있다. 그러나 조타의 아들이 누구인지 알면 그렇게(중국의 주장처럼) 말할 수 없다. 베트남에 전해지는 남월국의 건국자인 조타 왕의 아들이 바로 베트남의 고대국인 어우락(Au Lac)국과 연결된 남월국의 왕자인 것이다.

수상한 조타의 아들

베트남에 전해지고 있는 조타의 아들은 베트남판 낙랑공주 설화에서 호동왕자 역할을 했던 바로 그 왕자다. 조타의 아들은 중시(仲始 ⓒ조시, Zhao Shi)왕자로 베트남에서는 쫑띠(Trọng Thủy, 仲始)라고 발음한다.

앞장에서 이야기했던 바로 그 사람으로 베트남의 고대국가인 어우락국의 미쩌우공주와 사랑을 했던 슬픈 운명의 왕자다. 자신이 사랑하는 공주의 죽음으로 그 자신도 결국 죽음을 선택해, 미쩌우공주와의 영원한 사랑을 죽어서 이룬 왕자가 남월왕의 조타의 아들이라고 베트남에서는 전해지고 있는 것이다.

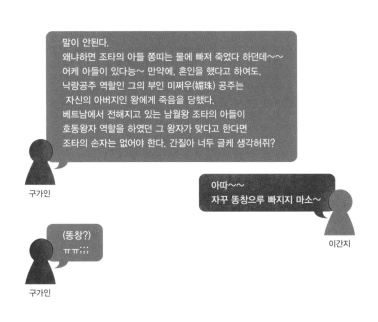

남월 제2대 조호 왕의 묘

1983년에 중국과 베트남에게는 아주 중대한 일이 발생됐다. 중국 광주에서 고묘(古墓, 오래된 묘)가 발굴됐는데 발굴된 묘의 주인공이 바로 지금 이야기하는 남월국의 제2대 왕인 조호(趙胡)이다.

베트남으로서는 자신들의 고대국가인 남월국 왕의 묘가 발견됐으니 아주 진지하게 발굴을 지켜보게 되었고, 중국 또한 자신들이 오랑캐라고 여기던 남월국 왕의 묘가 발굴됐으니 심요한 긴장감 속에서 발굴이 진행되었다. 중국 광주에는 이 묘에서 나온 많은 부장품들과 묘의 주인인 조호(趙胡) 왕의 복제품이 안치된 남월(서한)박물관이 만들어져 있다. 여기에 가본 우리나라 학자들이 많은 것 같은데, 그중 일부에서는 이 묘가 구조나 방의 위치 등과 벽화 고분의 양식이 우리나라 황해남도에 위치한 고구려 묘(안악3호분묘)와 비슷하다고도 한다. 그런데 이 묘가 발굴되면서 중대한 일이 발생되었다. 중국 사료에도 나와 있지 않던 남월 왕 조호(趙胡)의 또 다른 이름이 나온 것이다. 묘에서 나온 이름은 제2대 왕의 이름이 조호(趙胡)가 아니라 다른 이름이었다.

조호의 진짜 이름

이 묘가 발굴되면서 고대사를 연구하는 이들에게는 아주 주목할 만한 일이 벌어졌는데, 그것은 바로 왕의 이름이 사료와 다르다는 것이다. 조호(趙胡) 왕의 묘에서 발견된 왕의 도장(인장), 그 인장에 적혀있는 왕의 진짜 이름은 바로 "南越文王 趙眜 (남월문왕 조말)"이었다. 이름이 조호가 아니라 조말(趙眜)로 표기되어 있었다. 즉, 제2대 남월왕의 이름은 조호(趙胡)가 아니라 조말(趙眜)이 진짜 이름이다. 왕의 이름이 다르게 알려져 온 이유는 모르겠지만 사료에 나온 이름과 진짜 이름이 다르다는 것은 아주 중요한 의미로 볼 수 있다. 지금부터는 조호라는 이름은 사용하지 않고 조말(趙眜)이라는 진짜 이름을 사용하겠다.

조말 왕이 남월의 제2대 왕이 된 후 얼마 지나지 않은 기원전 135년에 남월과 인접해 있었던 국가인 민월(Minyue)국이 침략을 해왔다. 두 해 전(BC 137년)에 왕위에 올라서 국정 전반에 대한 통솔력이 무르익지 않았고, 전쟁 준비가 되어있지 않은 조말 왕은 어쩔 수 없이(아니면 의도적으로) 한나라에 지원군을 요청하게 되었다.

이에 한나라의 조정에서는 남월에 대한 군사적 지원을 승인하게 됐는데, 이에 남월국을 침공한 민월국은 한나라의 지원병이 도착하기도 전에 민월 국왕이 자신의 동생인 여선(後에 동월 왕)에게 암살당하는 일이 발생하여서 결국 지도층의 혼란 속에서 민월의 군사는 항복하고 만다. 이에 남월국에서는 한나라의 군사적 지원에 대한 감사의 표시로서 조말 왕 자신의 아들인 왕자 조영제를 한나라에 볼모로 보내게 된다.

조말 왕의 아들
조영제 왕자

한나라에 볼모로 가게 된 조말(趙眜) 왕의 아들인 조영제(趙嬰齊) 왕자에 대한 자료를 살펴보면서 이상한 점들이 눈에 보였다. 조영제 왕자가 한나라에 볼모로 갔다가 후에 다시 남월로 돌아오는 일련의 사건들과 조영제 왕자의 부인들에 대한 이야기들이 익숙하다. 한국인인 나에게 낯설지 않은 이야기로 한국판 낙랑공주와 호동왕자 설화를 잉태시킨 씨앗이 될지도 모르겠다.

왕자 조영제(趙嬰齊)는 남월 제2대 왕 조말(趙眜)의 아들이다. 민월국과의 전쟁으로 인해 한나라와의 동맹의 상징으로 왕자를 한나라에 볼모로 보내게 되었다. 그런데 조영제(趙嬰齊) 왕자는 볼모로 한나라의 도읍인 장안에 가서 왕의 숙위(宿衛)로 근무를 하게 된다. 숙위(宿衛)란 '왕의 호위무사'란 직위이다. 주변의 제후국이나 이민족국가들이 보낸 왕자들이 황제를 호위하는 병사로 근무하는 제도를 말한다.

조영제 왕자는 한나라에 볼모로 가기 전에 남월에서 이미 월인 여자(越人 女子)와 결혼을 해서 가족을 이루고 있었고, 첫 번째 부인인 월인(越人) 부인과의 사이에서 아들을 하나 두었고 그의 이름은 조건덕(趙建德)이라고 지었다.

처자식을 두고 한나라로 떠난 조영제 왕자는 도읍인 장안에 머물게 되었고, 타국에 볼모신분으로 머물면서 한나라 조정의 명으로 왕의 숙위로 근무하게 되었으니, 그는 홀로 장안에서 지내며 고향에 두고 온 그의 아내 월인(越人) 부인과 그의 아들 조건덕을 꿈속에서만 만나야 하는 애처로운 시간을 보내게 된 것이다.

그렇게 쓸쓸히 장안에서 지내던 와중에 한단(邯鄲, 진시황제가 태어난 지역이기도 하다.) 출신의 한족 여자인 규씨(樛氏)가 우연인지 아니면 의도적인지 조영제 왕자와 만나게 되었고, 결국 왕자는 장안에서 만난 한단 출신인 규씨 여인을 두 번째 부인으로 맞이했다. 볼모로 온 남월국의 조영제 왕자는 한나라 장안에서 왕의 숙위로 근무하면서 또 하나의 새로운 보금자리를 이루게 되었고, 두 번째 부인인 한단 규씨(樛氏) 여인 사이에서도 아들을 하나 낳았는데, 그의 이름을 조흥(趙興)이라고 지었다.

남월 제3대 왕
조영제(趙嬰齊)

기원전 122년 남월의 제2대 왕인 조말(趙眜) 왕이 중병에 걸렸다. 한나라에 볼모로 가 있었던 왕자 조영제는 이에 소식을 접하고 한나라 황제에게 승낙을 받아 아버지를 뵙기 위해 남월로 급히 돌아왔다. 왕자의 두 번째 한족 출신 부인인 규씨 부인은 그 후에 오게 된다. 이때에 남월에 중대한 사건이 발생되는데, 사료를 보면 사건의 중대성에 비해서 비교적 간단하게 기록되어있다.

조영제 왕자가 남월국에 돌아온 해에 남월 제2대 왕 조말(趙眜)은 결국 숨을 거두게 된 것이다. 조말 왕의 죽음으로 슬픔에 빠진 남월은 조말 왕의 장례를 국상으로 엄숙하고 고결하게 진행했고, 남월 왕

좌는 한나라에서 돌아온 조영제 왕자에게 계승되어 그는 남월의 제3
대 왕인 '영제명왕'이 되었다.

　한나라에서 돌아온 조영제 왕자는 제3대 남월 왕으로 등극하고서
는 세자를 책봉했는데, 첫 번째 부인인 월인(越人) 여인의 아들인 조
건덕(趙建德) 왕자가 아닌 두 번째 부인인 한족 출신 규씨 부인과의 사
이에서 낳은 조흥(趙興) 왕자를 자신의 뒤를 이을 세자로 책봉했다.
이 일은 그 당시에 사료에는 나와 있지 않은 모종의 정치적인 일이
분명히 있었을 것으로 보인다. 안타깝게도 월(越)민족의 정통성을 지
닌 첫 번째 부인인 월(越)인 여인의 아들이 아니라, 한나라 한족 출신
인 규씨 부인의 아들이 세자로 책봉된 것이다.

　이 사건이 왜 중대하다고 하는지는 후에 그 이유가 거론될 것이다.
지금까지 한국의 낙랑공주 설화에 대한 기원을 베트남판 낙랑공주
설화의 주요국가인 남월에서 그 연관성을 찾는 데 있어서 제1대 왕인
조타부터 3대 왕인 조영제 시기에는 아직 못 찾은 듯 보인다. 남월왕
국은 총 5대 왕조에서 끝이 나는데, 나머지 남월 왕(제4·5대)에 대한
기록을 조사해서 한국의 낙랑공주 설화에 대한 기원을 알아보자.

　남월의 4·5대 왕들은 백월민족의 역사에서는 주인공이라고 볼 수
는 없지만, 4·5대 왕들의 이야기를 들어봐야 그들이 백월민족 드라
마에서 왜 주연을 할 수 없었는지 그 이유를 이해할 수 있을 것이다.

남월국의 멸망

　남월국은 제5대 왕을 끝으로 그 왕조가 막을 내린다. 나라가 망하고 중국 서남부에 있던 백월(百越)민족 백성이 한반도로 넘어오면서 베트남의 낙랑공주 설화가 전해진 것이라는 의견이 생길 수도 있지만, 이들이 넘어오면서 등장하는 국가의 이름만 변경됐다고는 생각되지 않는다. 남월의 역사에 고구려의 지문이 남아있을 것인데도 불구하고 아직까지 그 진짜 모습을 드러내고 있지 않은 것이 분명하다.

남월왕국 제4대 왕

조흥(趙興)

"인생은 꿈과 같다."

인생의 덧없음과 부귀영화의 헛됨을 비유하여 이르는 말이다. 이를 두고 "한단지몽(邯鄲之夢)"이라 한다. 그 한단이 제3대 왕 조영제의 후궁 규씨의 고향이다.

조영제 왕의 세자는 첫 번째 부인인 월인(越人) 부인의 아들이 아닌 두 번째 아내인 규씨 부인의 아들인 조흥이 책정됐다.

사료를 자세히 보면, 조영제 왕의 두 번째 부인을 규씨 부인이라고 부르는 것은 그녀의 성을 붙여서 부르는 것인데 이상한 점은 조영제 왕의 첫째 부인은 성이나 이름이 아닌 월인 여자(越人 女子)라고 특정하게 부르고 있다. 월인(越人) 부인을 두 번째 부인인 규씨 부인처럼 호칭한다면 '월(越)씨 부인'이라고 호칭할 수 있다. 사료에 있는 월인 여자(越人 女子)에서 월인(越人)이라고 하면 성이 아니라 그 부인이 정통적으로 백월가(百越家) 출신임을 암시하고 있다.

제3대 왕 조영제가 왕자로 있을 당시 한나라에 볼모로 가기 전에 월(越)인 여인과 결혼해서 낳은 아들이 조건덕(趙建德) 왕자였다. 또한 한나라에 볼모로 가 있을 때, 한단 출신의 여인인 규씨 여인과도 혼인을 해서 아들 조흥(趙興)을 낳았다. 규씨 여인 가문에 대해서는 알려진 것이 없지만 중국에서는 한족 출신의 여인이라고만 한다.

자세한 기록은 아직 없지만, 기원전 113년 남월 제3대 왕인 조영제가 병으로 승화했다. 제2대 왕인 조말(趙眜)의 서거로 조영제 왕이 제3대 왕에 오를 당시에 한단 출신 후궁인 규씨 부인과의 사이에서 낳은 조흥을 세자로 책봉했고, 이에 조흥(趙興)이 남월의 제4대 왕에 올라 왕권을 계승하게 되었고, 왕의 어머니인 규씨 부인은 태후가 되었다. 조흥은 왕에 올라갔지만 국가 대사를 논하기에는 아직 어렸기 때문에 태후인 규씨 부인이 왕을 대신해서 권력을 잡았다. 그러나 규씨 부인은 남월국에 온 지 얼마 되지 않아 남월국의 중대한 국가대사는 승상인 여가(呂嘉)에 의해서 결정됐다. 승상 여가는 남월국의 역사에서 중요한 역할을 하고 있는 사람으로, 남월국이 멸망할 때까지 같이 한다.

남월을 타국에 바치려는 후궁 규씨

태후(후궁 규씨)는 장안에 있을 당시에 조영제 왕자(3대 왕)와 혼인하기 전에 한나라 사신인 안국소이(安國少季)와 사귀었었고, 그 소문이 자자했다. 그런데 태후는 남월에 와서도 그와의 만남을 계속해왔다. 이 소문으로 태후의 언행은 불신을 받았고, 그녀의 권위와 말은 남월국의 조정 대신 및 백성들에게 씨도 먹히지 않았다.

남월에서 자신의 권좌를 잃게 될지도 모른다는 망상에 빠진 태후는 결국, 아들인 조흥 왕과 남월에 상주해 있던 한나라 대신들에게 남월을 한나라에 완전히 병합하자고 설득에 나섰다. 또 한편으로는 한나라 황제에게 한나라에 복속하겠다는 청원서까지 올렸다. 이에 한나라 황제는 그녀의 요청을 수락했다.

한편 남월국 승상 여가는 뿌리 깊은 월(越)민족의 가문으로서 조말 왕(제2대 왕)부터 관직을 유지해왔으며, 남월 황실과도 통혼으로 연결되어 있었다. 그러한 정통성을 가진 월(越)가문 출신 승상 여가는 태후가 추진하는 한나라와의 병합에 강하게 반대했고, 목숨을 걸고 조흥 왕에게도 충언을 서슴지 않았다. 이러한 여가의 숭고한 행위에 대해 비난을 일삼던 한나라 사신들은 여가에게 면담 요청이나 위협적인 언행들을 일삼았고, 이에 시달리던 승상 여가는 병을 핑계로 집에 은둔해 있으면서 국가의 미래에 대해서 모종의 계획을 구상하게 되었다.

한나라 사신들은 조흥 왕과 승상 여가를 이간질해서 여가를 제거할 수 있었지만, 남월국 내에서 승상 여가 가문의 파워를 잘 알기 때문에 자신들의 힘으로는 집에 있는 그를 죽이기에는 역부족이었다. 결국 태후와 조흥 왕은 연회를 열어서 집 밖으로 나오지 않아서 죽일 수 없었던 승상 여가를 궁궐로 불러들여 한나라 사신들과 그들의 병사를 연회에 동참하게 했다. 연회가 시작되었고 분위기가 무르익었을 때, 태후는 한나라 사신들 앞에서 승상 여가에게 한나라와의 병합에 대해서 반대하는지를 직접 물어보았다. 만일 한나라 사신들 면전에서 병합을 반대한다고 말하면 한나라 사신들이 그를 죽이리라고 생각했던 것이다. 그러나 승상 여가의 동생이 지휘하는 궁전 호위군들이 연회장을 둘러싸고 있어서, 한나라 대사인 안국소이의 병사들은 승상여가를 어찌할 수가 없었다. 이러한 분위기를 느낀 승상 여가는 위협에서 벗어나기 위해서 천천히 일어나 연회장 밖으로 나가려 했다. 여가를 한나라 대사의 병사들이 제거하지 못하자, 태후는 여가를 직접 죽이려 했으나 아들인 조흥 왕에 의해서 저지당했다. 이 연회 사건 이후에도 승상 여가는 그를 설득하려는 조흥 왕과 한나라 사신들과의 면담요청이 오면 꾀병을 핑계로 일절 거절하고, 자신의 동생 군사의 호위 아래 집에 계속 머물렀다.

기원전 112년, 이러한 소식을 들은 한나라 황제는 남월왕국이라는 거대한 나라를 조건 없이 바친다는 것을 방해하고 있는 남월국 승상 여가를 제압하기 위해서 2천 명의 요원을 급파했다. 이들은 남월국이 한나라에 종속되는 행정절차를 차질 없이 빠르게 진행하기 위해서 정예 병사들과 함께 파견된 것이다. 한나라의 개입 소식을 알게된 남월의 월(越) 관리들은 더 이상 시간이 없다고 생각하고, 계속해서 외부와 단절하고 집에 머물고 있는 승상 여가에게 알려왔다. 여가와 그의 월(越)가문은 남월 관료들과 백월민족인 그의 백성들에게 남월의 한나라 병합과 관련된 사실들에 대해서 다음과 같이 알렸다.

"조흥 왕은 너무 어리고
한나라 사신과 놀아난 한족 출신 태후 규씨가
국가를 한나라에 바치려 한다.
백월민족의 모든 보물은 빼앗길 것이고,
우리 백월민족 백성은 노비로 끌려갈 것이며
모든 백월 관리는 죽임을 당할 것이다."

이 소식을 들은 백성들과 백월의 관리들은 승상 여가를 지지하고, 궁전으로 몰려가서 조흥 왕과 태후, 한나라 사신들을 모두 죽였다.

제5대 왕
조건덕(趙建德)

승상 여가와 백월 백성들은 조흥 왕과 태후를 죽이고, 조영제 왕(제3대 왕)과 왕후 월(越)씨 부인 사이에서 낳은 첫째아들 조건덕(趙建德) 왕자를 남월 왕으로 추대했다.

왕의 등극을 남월국 관내 관리들과 백성들에게 공포했고, 또한 창오군의 진왕(秦王) 및 주변의 여러 군에 사자를 보내 왕권 계승을 알렸다.

남월국 변방에 도착한 한나라 사신과 병사들이 이러한 사실을 알게 되자 변방 마을을 공격하기 시작했다. 그러나 월(越)인들이 살고 있었던 마을 주민들은 그들과 전투를 벌이지 않았고, 그들이 남월국의 도읍인 번우(番禺)로 가도록 길을 비켜주었다. 이는 왕궁을 향해 가고 있는 한나라 군사를 월(越)인들이 저지함으로써 발생되는 백성들의 피해를 줄일 수 있고, 저지하지 않고 길을 비켜줘야 한나라군의 신속한 추가 파병을 막고 시간을 벌 수 있다는 전략이었다. 한나라 병사들이 도읍에 거의 다다랐을 무렵 매복해 있던 남월국 군사에게 모두 몰살을 당했다.

한나라 황제는 남월이 자신의 계획과는 다르게 돌아가고 있다는 소식을 듣자 군사를 일으켜 남월국 침공을 명했다. 기원전 111년 가을, 한나라 황제는 군사 10만 명을 동원해 남월로 진격을 명했다. 차출된 군사 중에서는 야랑국 병사와 파촉의 죄수들도 포함되어 있었다. 일반적인 죄수가 아니라 진나라나 한나라에게 점령을 당한 국가의 귀족들과 그의 가족 또는 그 나라의 병사들이었다. 대륙 남부에 위치한 동월국의 왕인 여선(민월 왕의 동생)도 남월을 침공하려는 한나라를 지원하기 위해 군사 8천을 파병했다. 그러나 남월국 침략에 파견된 동월국 군사들은 폭풍 등의 핑계를 대고 전장에 투입되지는 않았고, 거꾸로 암암리에 남월국에 사신을 보내 한나라의 남월국 침공 관련 자료를 건네주어 남월국의 방어를 도왔다.

진시황제의 군사가 과거 월(越)의 국가들과 전쟁할 때 군사를 5군으로 나누어 남부 지방을 침략했는데, 한나라도 남월을 공격할 때 군사를 5개의 군으로 나누어 진격했다.

● 기원전 111년 한나라군의 남월국 침공 경로

- 복파(伏波) 장군 노박덕(路博德)

  → 계양(桂陽−廣東)에서 황수(湟水−廣東)로 진격

- 루선(樓船) 장군 양복(楊僕) (위만조선 침략에도 참전)

  → 예장(豫章−江西)에서 정수(湞水−廣東)로 진격

- 과선(戈船) 장군 정탄(鄭炭)

  → 영릉(零陵−廣西)에서 이수(漓水−桂江)로 진격

- 하뢰(下瀨) 장군 전갑(田甲)

  → 창오(蒼梧−廣西)로 진격

- 치의후(馳義候)

  → 장가강(牂牁江−貴州)으로 진격[죄인들과 야랑(夜郞)의 병사들]

5군으로 편성된 한나라군은 모두 남월국의 도읍인 반우(番禺, 지금의 廣州)를 향해 진격하였다. 루선 장군 양복이 부대를 이끌고 먼저 심협(尋陜−廣東)을 함락시켰고, 도읍인 반우(番禺)로 들어가는 관문 석문(石門)을 깨뜨렸다. 복파 장군 노박덕이 남월의 궁궐이 있는 반우성에 사람을 보내 항복을 권유해서 항복하는 자에게는 한나라가 임명하는 한나라 관직의 인장을 주었다. 또한 항복해서 한나라 인장을 받은 사람들을 반우성 안으로 들여보내 다른 사람들에게 항복을 설득시키게끔 하는 등 반우성 내부의 갈등을 유도했다.

결국 반우성 내부에서는 한나라와 협상하려는 온건파와 끝까지 항전하려는 강건파가 대립하게 되었고, 누선 장군과 복파 장군의 계속되는 공격에 많은 관리들이 한나라에 항복하면서 남월의 마지막 저항지인 반우성은 무너져 내렸다. 승상 여가와 남월의 마지막 왕인 조건덕은 다른 곳으로 피신했으나 한나라의 추적군을 피하지 못하고 결국 죽임을 당했다. 이렇게 고대 백월(百越)민족의 국가인 남월을 평정한 한나라는 남월의 땅에 남해군 등 아홉 개의 군을 설치했다. 이로써 남월왕국은 조타가 나라를 건국한 지 93년 만에 멸망했다.

**남월왕국과
위만조선의 유사성**

● 손자가 왕권을 계승

조타의 적자가 베트남에서는 호동왕자에 비유되는 자살한 쫑띠왕자다. 쫑띠왕자처럼 조타 왕의 적자가 죽었을 수 있고, 아니면 기록상의 문제로 조타 왕의 생이 100세가 넘게 되었을 수도 있다. 남월 조타 왕의 후계는 이름을 알지 못하는 아들을 건너뛰고 손자인 조말(趙眜)에게 넘어갔고, 조선의 위만도 아들은 밝혀지지 않은 상태로 손자인 우거왕만 거론되고 있다.

● 외부에서 온 건국자

남월이나 위만조선이나 건국자가 다른 곳에서 왔고, 건국시기(기원전 2세기 초)도 비슷하다. 남월의 건국자 조타는 진나라에서 왔고 위만조선의 위만은 연나라에서 왔다.

● 외부의 적에 대비하라는 기만전술로 국가 쟁취

남월의 조타와 조선의 위만은 외부의 공격에 대비하라고 헛소문(군사를 각기 요새로 출병시켜 도읍의 경비가 약해지는 전술)을 낸 뒤, 자신의 심복 군사를 빼돌려 주요보직의 관리를 죽이고 그 자리에 자신의 사람을 심었다. 특히 남월은 자신이 남해군의 총독으로 임명됐음에도 불구하고 기만전술을 써서 더 높은 자리를 강취한 기록이 엿보인다. 이것은 남해군 총독보다 더 높은 자리인 백월의 왕 자리를 강취한 것으로, 남월의 조타와 위만은 똑같은 행동으로 왕의 자리를 차지하였다.

● 멸망 상황도 동일

위만조선과 남월왕국은 한나라 무제의 공격으로 멸망하였다. 그런데 한나라 무제가 남월국을 공격할 때 파촉(巴蜀)에서 차출한 죄인들을 동원했고, 또한 위만조선을 공격할 때도 죄인들을 모집했다. 야랑국에 집결해 있었던 파촉(巴蜀)의 죄수병사들을 이끌고 인접해 있는 남월을 침략했다는 기록이 있다. 그러나 2만 명의 죄수병사들로 이루어진 부대를 이끌고 온 한나라 장수는, 남월에 도착하니 그의 휘하에 남아 있었던 죄수병사가 1천 명으로 줄었다고 한다. 거의 95% 이상의 죄수병사가 탈영한 것이다.

중국 남부에 있는 야랑과 남월에서의 상황도 심각했는데, 위만조선의 위치가 만주 또는 한반도라고 가정하는 상황에서 죄수들을 이끌고 전쟁을 치르기 위해서 한반도까지 넘어온다는 것은 분명히 불가능하다. 또한 위만조선이 망할 당시에 왕검성 내부에서 화·전 양파로 대립이 심하였다. 남월국의 최종 항전지역인 반우성 역시 강온파가 대립하다가 많은 관리가 한나라군에 항복했다. 즉 남월과 위만조선은 외부에서 온 사람이 건국자가 되었고, 건국할 때 나라를 강취한 점과 국가가 망할 당시의 상황도 동일하다. 이런 역사적 사건을 토대로 남월의 조타와 조선의 위만은 동일한 인물에 대한 서로 다른 이야기일 가능성이 아주 높다. 게다가 위만조선과 남월뿐만이 아니라 동월국과도 아주 유사하다. 위만조선이 망할 당시 벌어진 일련의 사건들은 남월과 동월이 망할 당시의 상황을 조합한 것 같다.

진짜만치로 이렇게 두 국가가 비슷할 수 있을까?
이상한 거는 건국시기도 둘 다 비슷하고, 같은 시기에
다른 나라에서 정통성이 없는 두 외국인이 똑같은 뻥치기 전술로
국가를 전복했다가 거의 비슷한 해에 동시에 망했다?
또한 죄수들을 이끌고 한반도까지 왔다? 요거는
사기를 치다가(typing) 상황인지 능력부족으로 잘못 베껴 쓴 듯...

이간지

그러면 내가 위만이 몬지 알려주마!
남해군의 총독에 대한 칭호를 위 라고 했자남. (위 조타)
그리고 중국 남부의 오랑캐를 남만(南蠻)이라고 허구.
구래서 위 조타는 만이(蠻夷)의 왕이다.
요고를 줄여서 위만. ㅎㅎㅎ

구가인

·
·
·

민월(越)국과 동구국

Part 3

민월국과 동구(동해)국

민월국과 동구국은 베트남판 낙랑공주와 호동왕자의 설화와는 관계가 없지만, 민월 왕의 동생인 여선이 건국한 동월국은 남월국과 위만조선과 동시대에 멸망한 국가다. 이들의 유민들이 우리나라 고대국가들의 형성에 관련되었거나 이 국가 중에서 우리나라 고대사의 지문이 나올지도 모르니 이들 국가의 역사를 확인해보자. 민월국과 동구(동해)국은 남월국과 마찬가지로 국가의 주요 구성원이 월(越)족인 백월(百越)민족의 국가이다.

**민월(閩越)국과
도읍 동야(東冶)**

민월국은 진한(秦漢)시대에 복건성(福建省, 푸젠성) 민장강 유역에 越族(월족)이 세운 국가(BC 202년 ~BC 135년)이다. 민월인은 중국의 고대 춘추시대 이후 화남(華南)에서 베트남 북부에 걸쳐 널리 분포했던 민족으로, 진나라 시황제는 중국

대륙을 통일하자 민월국의 왕이었던 추무저(鄒無諸)를 폐하고, 이곳에 영중군(郢中郡)을 설치하였다. 추무저(鄒無諸)의 이름에서 마지막 자인 '諸'는 한국 발음으로는 '저' 또는 '제'의 두 가지가 있는데 본서에서는 '저'라고 하겠다. 왜냐하면 '제'라고 발음할 경우 '무제'로 읽혀서, 한나라 무제와 혼동이 되기 때문이다.

진나라 말기에 유방과 초패왕 항우가 천하를 놓고 겨룰 당시에 민월의 추무저가 유방에 적극 협조하였으므로 기원전 202년 한(漢)나라 고조는 추무저를 민월국의 왕으로 삼았다. 이에 민월 왕 추무저는 중국 남부 동야(東冶)에 도읍을 정해 민월 백성을 다스렸다.

한나라 유방은 자기를 도와준 제후들에게 봉토를 주고 제후왕으로 임명했지만, 유방의 권력기반이 다져진 후 제후들을 하나씩 제거해 나갔다. 기원전 157년경에는 장사 왕을 제외한 모든 제후왕이 유방의 유씨 일족으로 교체시키는데, 이러한 폭정에 반발해 중국 곳곳에서 반란이 일어났고, 그 중 대표적인 사건이 기원전 154년에 발생한 **"오초칠국의 난"**이다.

기원전 154년, 한나라 경제(景帝) 시기에 조정 대신인 조조(鼂錯, 삼국지의 조조가 아님)가 제후왕들의 비리를 조사해, 그들의 죄를 폭로하며 영지의 규모를 줄이는 등 제후들의 힘을 축소하려는 정책을 폈다. 한나라 조정이 자신들을 겨냥해서 과격한 지방정권 억압정책을 펴자 이에 반발하여 제후들이 반란을 일으켰다.

한나라의 제후에 대한 억압정책에 불만을 가진 제후왕 중의 하나인 오왕(吳王) 비(濞, 한나라 고조 유방의 조카)가 초를 비롯해 여러 제후왕과 공모하여 황제의 측근인 조조(鼂錯)를 처단한다는 명분으로 군사를 일으켰다. 오왕(吳王) 비(濞)가 반란을 일으키기 전에 백월의 국가인 민월국을 자기편으로 끌어들이려 했지만 민월국은 따르지 않았고, 다른 백월(百越)국인 동구국이 오나라를 따라 반란에 참여하게 되었다.

그러나 반란은 평정되었고 한나라의 반격으로 오나라가 멸망할 때 반란에 함께 참여했던 동구국은 자신들의 목숨 부지를 위해서 반란을 주도했던 오왕을 단도(丹徒)로 유인하여 죽였고, 이때 오왕의 아들은 민월국으로 달아나 목숨을 유지할 수 있었다. 이로 인해 반란에 가담한 동구 왕은 죽음을 모면하고 자기 나라를 보존할 수 있었다. 이 난을 계기로 기원전 154년 이후 한나라의 조정은 제후국들의 독립권을 거의 없애 버리고, 영지의 규모도 작게 나누어 제후국들을 일개 군으로 만들어 버렸다.

동구(東甌)국
[동해(東海)국]

한고조는 기원전 202년, 요를 동해(東海) 왕으로 삼고 동구(東甌)에 도읍을 정하게 했는데, 이를 가리켜서 동해 왕 요를 동구(東甌) 왕이라고도 불렀다. 도읍은 동구(東甌)로 정했는데, 지금의 절강성 온주(溫州) 지역이다.

베트남의 고대국가 중에서 서남이 국가 중에서 진나라와 혈전 끝에 멸망한 국가인 서구(西甌)가 있었는데, 서구란 서쪽에 있는 어우비엣(甌越, 구월)국을 말하는 것이고, 또한 여기서 거론하는 동구(東甌)국은 바로 동쪽에 있는 구월(甌越)국인 동해국(=동구국)을 일컫는데, 모두 백월민족의 국가들이다. 이 동구국이 오초칠국의 난에 참여했다가 전황이 불리해지자 오초칠국 반란의 주도국이었던 오왕 비(濞)를 배신하여 죽였고, 이로 인해 민월국으로 도망간 오왕의 아들은 동구왕을 향해 복수의 칼날을 갈고 있었다.

민월국의 동구국 및 남월국 공격

민월국으로 몸을 피한 오초의 난 때 죽은 오왕의 아들은 항상 민월국 관리 및 민월 왕에게 동구(東甌, 요왕의 동해)국을 치라고 권유했다. 결국 기원전 138년에 민월 왕 영[郢, 추무저(鄒無諸)의 후손]은 군사를 일으켜 동구를 포위했다. 식량이 떨어져 곤궁한 처지에 놓인 동구가 항복할 지경에 이르자 급히 한나라 조정에 사신을 보내 지원병을 요청했다. 한나라 왕이 동구에 대한 처리를 놓고 조정 대신들과 협의 끝에 군사를 편성해서 동구(東甌)를 구하러 가도록 명을 내렸다.

그러나 한나라 군대가 도착하기도 전에 민월(閩越) 왕 영(郢)이 군사를 이끌고 퇴각하기는 했지만, 동구국 왕은 계속되는 전란과 민월국의 재침략을 피해서 동구국 백성과 함께 장강(長江)과 회수(淮水)사이의 지역으로 아예 국가를 통째로 이주해버렸다.

기원전 135년, 건원 6년에 이르러 이번에는 민월(閩越)왕 영(郢)이 남월국을 쳤다. 공격을 받은 남월국은 민월국의 침략을 한나라 조정에 알렸는데, 이에 한나라 조정은 민월국의 침략을 저지하기 위해서 군사를 동원하기로 결정하고 군사들을 남월지역으로 즉시 진격시켰다. 민월(閩越)왕 영(郢)은 지난번 동구국과의 전쟁에서 보여준 것과는 달리 이번에는 자진해서 후퇴하지 않았다. 민월은 군사를 한나라군이 요충지를 접수하기 전에 미리 그곳에 요새를 만들어 한나라 군사와의 결전에 대비하고 있었다.

　지난번 동구국과의 전쟁에서 한나라군의 개입으로 무조건 철수했었던 불명예에 대해서 자신의 명예를 만회라도 하려는 듯, 민월 왕 영(郢)은 방어에 유리한 각 요새에 병사를 배치해 만반의 준비를 해놓은 것이었다.

　민월 왕이 한나라와의 결전에 대한 각오가 대단함에도 불구하고, 민월국 조정에서는 뜻밖의 기운이 돌고 있었다. 민월(閩越)왕 영(郢)의 아우인 여선(餘善)이 재상 및 군주들과 모여앉아 민월국의 또 다른 길에 대해서 논의하고 있었던 것이었다. 여러 명의 민월국 실세가 모여앉은 자리에서 왕의 아우 여선이 주도적으로 말을 꺼냈다.

"우리 왕은 마음대로 군사를 일으켜 남월을 쳤다.

그 때문에 한나라의 군사가 우리를 공격하기 위해서 오고 있고,

한나라 군사는 우리군사보다 수적인 면에서 우세하다.

지금 전투에서 이긴다 해도 앞으로 더 많은 군사가 쳐들어와서

결국 우리나라는 멸망하고 말 것이다.

지금 왕[자기의 형인 민월국왕 영(郢)]을 죽여 사죄하면
나라는 그대로 무사할 수 있다.
그러나 만일 한나라가 우리나라를 멸하려 한다면,
그때 가서 죽기를 각오하고 싸우자!"

반란 모의에 모인 사람들은 민월 왕의 아우 여선(餘善)의 제의에 모두 찬성의 뜻을 내비쳤다. 결국 반란자들은 자신들의 왕을 죽였고, 사신을 보내 자신들의 왕의 머리를 한나라군에게 보냈다. 소식을 들은 한나라 왕은 명을 내려 민월국에 대한 전쟁을 멈추게 했고, 죽은 민월 왕 영과 대립한 추무저의 손자 요군(繇君) 축(丑)을 요왕(繇王)으로 세웠다. 또한 죽은 민월(閩越) 왕 영(郢)을 제거하는 데 앞장섰던 그의 동생 여선(餘善)을 동월(東越) 왕으로 세워 요왕 축(丑)과 병립하게 했다.

동월국의 멸망

**남월국과
한나라와의 전쟁**

남월국의 제4대 조흥 왕과 태후 규씨(조흥 왕 어머니) 등이 남월국을 한나라에 병합하려 했는데, 한나라와의 병합에 반대하는 승상 여가(呂嘉) 등 월(越)가문과 백월의 백성들은 후궁 규씨에 반발하여 결국 남월왕국 조흥 왕과 그의 어머니 태후(후궁 규씨)를 죽였다. 승상 여가(呂嘉) 및 월(越) 백성들은 제3대 조영제 왕과 월(越)씨 부인 사이에서 낳은 장자 조건제 왕자를 남월국의 새로운 왕으로 추대했다.

남월에서 벌어진 한나라와의 병합에 반대하는 여가의 반란이 한나라로 하여금 전쟁의 불씨를 지피게 하였다. 남월국 병합에 대한 굳은 의지를 가지고 있었던 한나라는 결국 남월국과의 전쟁을 선포하였고 군사를 동원해 남월로 진격시켰다. 백월의 국가인 남월을 침략하는 전쟁에 한나라 동맹국인 동월국도 부득이하게 참전하게 되었지만 남월국과 동일한 계열인 월(越)민족으로 구성된 동월국 군사들은 남월과 전쟁을 할 의사가 없었다. 폭풍 등의 핑계를 대면서 남월을 침략하기 위한 한나라 군대의 집결지로 군사를 이동시키지 않았고, 남월에 밀사를 보내 한나라군의 움직임을 알려주는 등 남월을 물밑에서 지원했다. 이에 매우 화가 난 한나라는 남월 평정 후에 곧장 동월 침략준비를 했다.

한나라의 동월국 침략

원정 6년 가을, 동월왕 여선은 한나라 군사의 침략에 대비하여 각 요충지에 군사를 보내 방어하게 하였고, 또한 군사로 하여금 행동을 개시하게 하여 한나라의 교위 세 명을 죽였다. 이때 한나라 군사는 본 군(軍)이 도착하기 전이라 감히 동월을 공격하지 못하고 오히려 안전한 곳으로 후퇴했다.

한나라 조정은 월나라 출신의 연후(衍侯) 오양(吳陽)을 동월에 들여보내 동월왕 여선과 평화적인 방법을 협의하게 했다. 그러나 동월왕 여선은 화의를 받아들이지 않았다. 이에 본래의 계획이 틀어진 연후 오양은 자기를 따르는 칠백여 명의 무리를 거느리고 한양(漢陽)에서 동월국의 군사를 공격했다. 그리고 그와 뜻을 같이하는 무리와 함께 월(越)의 요왕(繇王)인 거고(居股)에게 가서 모의했다.

동월왕 여선에 반하는 무리가 모여 있는 자리에서, 한나라의 사신 격인 월나라 출신 연후(衍侯) 오양은 이렇게 말했다.

"동월왕 여선은 전쟁의 원흉으로

우리를 위협하여 강제로 군사들을 대치하게끔 하였습니다.

지금 한나라 군사가 목전에 이르렀는데

그들의 군사력이 월등히 큽니다.

여선을 죽이고 우리 스스로가 한나라 장군들에게 항복한다면,

다행히 죽음은 면할 수 있을 것입니다."

그 모임에서 연후(衍侯) 오양의 의견에 동조하는 요왕(繇王) 거고(居股) 등 반역의 무리는 결국 동월왕 여선을 죽인 후, 그의 무리와 성 밖으로 나가 한나라군에 항복했다. 동월왕 여선은 자신의 형인 민월 왕 영(郢)을 죽인 방식 그대로 그의 부하들에게 죽임을 당한 것이다. 이렇게 또 하나의 백월의 국가가 기원전 108년경에 멸망했다.

지금까지 내용 중에서 베트남판 낙랑공주 설화가 우리나라 고구려에 전해진 흔적이 전혀 없다고 이야기할 수도 있지만, 남월에서 이미 고국려의 흔적이 나왔다. 그렇지만 우리의 눈에 보이지 않았을 뿐이다. 알면 보인다는 말이 있는데 이걸 두고 한 말인 것 같다. 고구려의 흔적이 이미 나와 있음에도 불구하고 그것을 보는 방법을 모르고 있을 뿐이다.

音, 개별글자에
해당하는 소리

Part 4

● ● ●

소리의 표현

● **소리와 발음법**

사람의 귀에 전달되어 청각 작용을 일으키는 공기의 파동을 소리라 하고, 글을 읽을 경우에 '말(언어)'의 소리를 내는 것을 발음법이라 한다.

● **표기**(表記)

글자 또는 음성 기호로 말(언어)의 소리를 표시하는 것인데, 자국의 글자가 있을 경우에는 당연히 자국어로 표시하지만, 자국어가 없을 경우에는 타국의 글자로 자국의 언어를 표시할 수밖에 없었다. 고대에 글자가 없었다고 하는 한국의 경우와 베트남의 경우에는 중국의 한자를 빌려서 자기들의 소리를 표시했다.

상대국의 명칭

● 한국

국내(한반도)에서 우리나라를 칭할 경우에는 한국이라고 부르지만 같은 민족인 위쪽(북)을 칭할 경우에는 북한이라고 한다. 우리는 남북을 합한 나라를 한국이라고 표시하고, 정권이 다른 북쪽 지역(사람)을 호칭할 경우에는 북한이라고 표현하는데, 이 경우에 있어서 북한의 뜻은 북쪽에 있는 한국이다.

베트남의 고대국가 중에서 어우비엣(Au Viet)을 구월(甌越)이라 한다. 진나라와 싸운 서구(西甌)와 한나라와 싸운 동구(東甌)가 바로 이런 경우(남한, 북한)인데, 둘의 원래 명칭이 베트남의 어우락국인 구월(甌越)이지만 역사를 보면 서로 관련이 없는 나라들처럼 기록되어 있다.

중국이나 일본에서 한국을 칭할 경우에는 '조선'이라고도 하지만 발음상 '조센'이라고도 부른다. 또한 남조선 북조선이라고 구별해서 사용하기도 한다. 그러나 대부분의 국가들은 '코리아(korea)'라는 공식 명칭을 주로 사용하고 있지 국내에서처럼 한국이라고 발음하지는 않는다. 만약에 우리가 코리아라는 명칭을 문헌이나 역사 기록에 사용하지 않는 상태로 1~2천 년이 지나갈 경우에, 우리의 후대는 코리아를 한국이 아닌 다른 나라의 명칭으로 생각할 수도 있을 것이다.

● 타국

우리가 중국을 칭할 경우에는 중국이라고도 부르고, 공식명칭으로는 차이나(China)라고도 부른다. 또한 일본을 칭할 경우에는 일본(日本)

흡. 개별글자에 해당하는 소리

이라고도 하고, 재팬(Japan)이라고도 한다. 그러나 일본인들은 일본을 그들의 발음인 닛폰(Nippon)이라고 소리를 낸다. 닛폰도 마찬가지로 기록 없이 오랜 세월이 흐른 뒤에 닛폰이라고 하면 우리는 일본과는 다른 나라로 생각할 수도 있을 것이다.

남월이라는 국가 명칭은 남월 사람들 스스로도 그렇게 불렀을지도 모르겠지만, 중국대륙에서 중국 남부에 있는 백월의 국가 중 하나를 남월이라고 기록해 온 것이다. 그렇다면 남월국 자신들은 그들의 국가를 어떤 이름으로 지었을까? 이 남월의 또 다른 이름이 지금까지 많은 세월 동안 추적해온 한국과 연관된 우리 민족 고대국가의 이름이자 우리선조의 흔적이다.

● 하나의 국가에 여러 이름(동일국가의 분신술)

세월의 오랜 흐름 속에서 자신을 가리키거나 상대방을 부르는 명칭들은 서로가 지역적으로 떨어지면서 발음에 변화가 발생되어 왔다. 더욱이 자국을 칭하는 소리와 타국에서 부르는 명칭이 서로 다르면서 하나의 국가를 두 개 이상의 이름으로 역사서에 기록해 온 것도 보인다. (졸본부여, 고구려, 남월, 남비엣 등)

세월이 흘러 동일한 국가에 대한 다른 명칭들은 시간이 지날수록 더욱 넓게 퍼져 나갔고, 하나의 국가에 대한 여러 가지 명칭(한국, 조선, 코리아 등)들이 오랜 세월이 지나감에 따라 서로 다른 나라로 인식되게 된 것이다.

**음의 차이로 나의
본질을 잃다**

아시아에 있는 국가들은 그들의 문자가 없는 시대를 겪으며 중국의 한자를 사용하여 자신들의 소리를 대신한 경우가 많이 있었다. 한국, 베트남 등은 중국 한자에 대한 주요한 사용국이었고 지금도 마찬가지로 한글이라는 자기 글자를 가지고 있는 한국은 중국의 한자(漢字)를 사용하지 않고서는 백 퍼센트 완벽하게 우리의 소리와 뜻을 표현하기 어려운 경우도 있다. 이러한 사실 때문에 현재까지도 한국은 한자(漢字)를 많이 사용하고 있는데 이로 인해서 중요한 문제가 발생이 되었다.

각 국가가 같은 한자(漢字)에 대한 소리를 내는 데 있어서 서로가 다르다는 것이다. 같은 사물을 놓고 서로의 음이 달라 서로가 알아볼 수 없게 되었다. 내가 우리의 과거를 바라보면서 나(우리의 고대사)를 알아보지 못하게 되는 결과가 되었다는 것이다.

음, 개별글자에 해당하는 소리

한자를 다른 '음'으로

**남월 제2대 왕의
이름은 조말(趙眜)**

중국 남부에 있는 광주지역에서 남월 제2대 왕인 조호(趙胡)의 묘가 발굴되었다. 그 묘에서 쏟아져 나온 유물 중에서 왕의 이름이 적힌 왕의 도장(인장)이 발굴되었는데, 그 인장에 적혀 있는 남월 제2대 왕의 이름이 조말(趙眜)이었다.

남월 제2대 왕은 조호(趙胡)가 아닌 조말인 것이다. 한자 趙眜은 한국 발음으로는 '조말'이라는 소리를 내지만 중국 발음은 '조모'이다. 여기에서 한자 眜은 '무릅쓸 말'이다. 이 글자의 발음은 중국과 한국이 서로 다르다.

한국 음은 말의 소리이다. 그러나 중국 음은 모(mò)의 소리이다. 중국의 음으로는 眜은 모(mò)이므로, 중국에서는 趙眜(조말)은 조모(Zhào mò)라고 소리를 낸다. 중국인의 발음으로 제2대 남월 왕의 진짜 이름은 조모이다.

월(越)

본서에서 가장 많이 사용되었고, 또한 아주 중요한 단어는 바로 월(越)이다. 월(越)은 잃어버린 한국의 고대사를 찾는 가장 근본적인 글자다.

월(越)이 사용되고 있는 몇 개 단어를 예를 들어 보겠다.

남월(南越)국

동월(東越)국

월(越)족

베트남의 고대국가 어우비엣(甌越, 구월)

조영제의 첫 번째 부인 월인(越人) 부인

越의 발음은 한국에서는 '월'이지만, 중국 발음은 많이 다르다.

월(越)과 월(月)의 중국 음은 예(우에, 의에)이다. 또한 베트남에서는 Việt (비엣 또는 비에시)으로 우리의 소리와는 많이 다르다. 越은 달을 뜻하는 月과 중국과 한국에서의 음이 같다.

위의 월(越)에 사용된 단어들을 중국 음으로 읽어보겠다.

남월(南越)은 난예

동월(東越)은 동예

월(越)족은 예족

베트남의 어우비엣(甌越, 구월)은 구예

월인(越人)부인는 예인 부인

음, 개별글자에 해당하는 소리

낙(樂)과 야(夜)

● **낙랑(樂浪)과 한사군(漢四郡)**

낙랑(樂浪)이란 명칭은 우리 고대사에 나오는 이름으로 호동왕자와 낙랑공주에서도 사용되고 있는 낙랑(樂浪)과 우리 역사에서 아직도 논란이 되고 있는 한사군의 낙랑군에서 사용된 한자다.

한국의 고대국인 위만조선이라는 나라를 침략했다는 중국의 한나라가 왕검성에서의 마지막 전쟁에서 고조선을 멸하고, 기원전 108년 고조선의 영토에 낙랑(樂浪), 진번(眞蕃), 임둔(臨屯)의 3군(郡)을 설치했다고 한다. 이어 창해군(滄海郡)을 설치했던 예맥의 땅에 현도군(玄菟郡)도 설치했다는데, 그 4군 중에 하나를 낙랑(樂浪)이라고 한다.

● **낙랑(樂浪)에서 낙(樂)의 중국 음**

낙(樂)의 한국 발음은 '낙 또는 락'이다. 중국도 한국 발음처럼 두 개의 발음이 있는데 낙(樂)은 중국 음으로 다음과 같다.

① '음악 악'을 뜻할 때에는 예(yuè)의 소리이고
② '즐거울 락'을 뜻할 때에는 르(루, 뤄, lè)의 소리를 낸다.

낙(樂)의 중국 발음은 예와 르의 소리이니, 낙랑(樂浪)의 중국 음은 예랑 또는 르랑이 된다.

● 야랑(夜郎)에서 야(夜)의 중국 음

야(夜)의 중국 발음은 예(yè)이다. 중국의 고대 독립 국가 중에서 남월에 이웃해 있었던 나라 중 하나가 야랑(夜郎)국으로 야랑(夜郎)에서 야(夜)는 중국 음으로 예이므로, 야랑(夜郎)의 중국 음은 예랑이 된다.

● 낙랑국과 야랑국은 예랑국

한국의 고대국인 낙랑(樂浪)과 중국의 고대국인 야랑(夜郎)의 중국 음은 동일한 소리인 예랑(Yelang)으로 발음된다. 하나는 나라 이름에 樂이라는 한자를 사용했고, 다른 하나는 夜라는 한자를 사용했기 때문에 한국 발음으로는 낙랑과 야랑의 이름을 가진 서로 다른 두 국가(낙랑국과 야랑국)로 연관성이 전혀 없어 보이지만, 중국 음으로 읽으면 같은 소리로 동일한 국가인 예랑이라는 하나의 국가가 된다.

● 야랑국과 남월국

야랑(ⓒYelang)은 남월에 이웃해 있었다. 남월이 확장할 당시에는 야랑국(기원전 179년)도 남월이 복속시킨 국가 중의 하나였다. 베트남의 낙랑공주와 호동왕자 설화의 기원이 되는 시기로 베트남의 고대국인 구락(어우락, Au Lac)국을 편입한 것도 기원전 179년이다. 야랑국 병합 후 40여 년이 지난 기원전 135년에는 야랑국에 한나라의 건위군이 설치되기도 했다.

● 낙랑국과 고구려

낙랑(ⓒYelang)국은 낙랑공주와 호동왕자 설화에 나오듯이 고구려에 이웃해 있었고, 고구려에 의해서 일부 또는 많은 부분이 편입(AD 32년) 됐다고 알려져 있다.

● 낙랑(樂浪)과 야랑(夜郞)

낙랑(樂浪)국과 야랑(夜郞)국의 중국 발음은 동일한 소리인 예랑(Yelang)으로 고구려와 남월의 낙랑공주와 호동왕자 설화가 똑같다. 고구려의 설화에서는 낙랑과 고구려가 이웃해 있었고 고구려가 낙랑을 복속한 것이고, 베트남의 설화에서는 어우락과 남월국도 서로가 이웃해 있었는데 남월이 어우락을 복속했다고 한다. 이것은 어우락－낙랑 관계와 고구려－남월의 관계는 그들 사이에서 동일한 인과관계가 존재했다고 볼 수 있겠다.

고구려의 설화에서는 고구려와 이웃해 있었던 나라가 낙랑이었고 또한 동일한 베트남 설화에 나오는 남월국에 이웃한 나라가 어우락이었는데, 어우락은 어우비엣과 낙비엣이 통일된 국가였다. 어우비엣은 구월이고 낙비엣은 낙월(낙예)인데 이 낙월(낙예)에 이름에 우리의 낙랑과 같은 '낙' 자가 들어가 있다.

앞에서 언급했던 조타의 서신을 다시 확인해 보자.

"그중 동월과 민월에서는
천 명의 군장에 불과한 자도 왕이라고 칭하고,
서구(西甌)나 락나(駱裸)국까지도 역시 왕호를 칭하고 있다."

서구는 베트남의 어우비엣(구월)을 뜻하는 것인데, 여기에 락나(駱裸)라는 국가가 나온다. 바로 베트남의 낙월(낙비엣)국이 락나(駱裸)인 것이고 그의 이름이 한국에서는 낙랑인 것이다. 이 = 의 = 예 = 리 = 려 = 료(liao) = 라 또는 라오(lao) = 요 등은 결국 모두 같은 夷 민족을 표현할 때 사용된 것이다.

이 명칭들은 한자만 다른 표기를 사용하고 있는 것으로서 하나는 낙월 즉 낙예(낙비엣. 락나)이고 또 하나는 낙랑이다. 그 국가가 남월에 이웃하고 있었고 남월에 병합됐었던 국가다. 이 낙예, 낙비엣, 락나와 동일한 나라인 낙랑의 중국 발음은 야랑(夜郞)의 중국 음과 동일한 예랑(Yelang)으로 전승에서도 낙랑국의 역할이었다. 즉 낙예 = 낙비엣 = 락나 = 낙랑은 모두 동일한 나라로 중국에서 발음하는 예랑국이다.

베트남 고대국의 명칭

**베트남은
남월(남예)국이다**

국가명 베트남(Việt Nam)은 남월왕국 이름을 계승해서 '남월'로 사용하려던 것을 중국의 반대로 어쩔 수 없이 남월의 이름을 거꾸로 표기해서 월남으로 사용하는 것이다. 베트남에서 사용하고 있었던 월남이라는 명칭 자체가 베트남의 고대국가이자 백월(百越)민족의 국가 중 하나였던 남월국의 정통성을 계승하겠다는 의지가 담겨져 있는 것이다.

현재도 남월(南越)의 이름을 계승한 월남(越南)으로 사용하고 있다. 월남(越南)의 베트남 발음은 Việtnam(베트남)이다. 그런데 월(越)의 중국음은 예이고, 베트남에서는 비엣이다. 우리의 월의 음(音)과는 전혀 다르다.

베트남의 고대국가인 어우락(甌雒, 구락)은 낙비엣(雒越, 낙월)과 어우비엣(甌越, 구월)이 합쳐진 국가인데, 두 고대국가 낙월(낙비엣)과 구월(어우비엣)의 기원이 흥미로운데 월족은 중국 영토에 현재의 중국인이 아닌 고대 중국 땅의 주인이란다. 낙월과 구월은 고대시기에 중국대륙에 살았던 오래된 종족인 백월족의 한 갈래라고 하는데, 이 백월족은 현재 중국인과는 다른 민족으로서 중국 역사 이전에 살았던 자신들만의 독창적이고 화려한 고대 문명을 지니고 있었던 아주 오래된 민족이다.

낙비엣
(Lac Viet, 雒越, 낙월)

낙비엣에 대한 한자 표기는 雒越로 이 한자는 한국 발음으로는 낙월이고, 베트남 발음으로는 낙예(Lac Yue) 또는 낙비엣(Lac Việt)이다. 낙월(駱越)은 중국의 고대 민족인 고월족의 범주에 포함되는 백월의 한 갈래인데, 낙월 사람들은 진한(기원전시대) 시기 교지군(交趾郡, 현재 베트남 북부)지역에 거주하던 고대 원시 부족으로 이들의 주요 핵심 거주지는 지금의 홍하(紅河)강 삼각주 부근이었다.

낙월은 백월(百越)민족의 후예로서, 현재 중국에 존재하는 소수민족인 布依族(부의족)이 낙월의 지류로 여겨진다. 귀주성 지역에 존재했었던 중국의 고대국가인 야랑국(夜郎國)의 백성들이 거라오(仡佬, 흘노)족과 부의(布依)족으로 분리되어서, 각각 그들의 전통을 이어 내려오고 있다고 한다. 중국 내 소수민족인 부의(布依)족이 베트남의 고대국인 낙월의 후손이고 야랑(Yelang)국을 형성하고 있었다는 것이다.

음, 개별글자에 해당하는 소리

부의(布依)족에서 '부의'는 우리 고대국가인 '부여'의 음을 연상시킨다. 그런데 거라오족(仡佬族, 홀노족)도 발음이 만만하지 않다. 이름이 아주 이상하다.

어우비엣(Âu Việt)과 어우락(Âu Lac)

어우비엣(Âu Viet)의 한자 표기는 甌越이고, 한국 발음으로는 구월이다. 중국 발음으로는 어예(Âu Yue) 또는 오예(Ou Yue), 베트남 발음으로는 어우비엣(Âu Việt)이다. 한국은 구월(甌越)이라고 소리를 내지만, 중국에서는 오예(Ou Yue)이고 베트남에서는 어우비엣(Âu Viet)이다.

어우락(Âu Lac)은 베트남의 고대국가인 어우비엣(Âu Viet)과 낙비엣(Lac Viet)을 베트남의 영웅 안 듕붕이 통일하여 새롭게 건국한 국가의 이름이다. 한자 표기로는 甌雒이고, 이 한자 표기에 대한 한국 발음은 구락이다. 甌雒에 대한 중국 발음은 오뤄(Oulou)이다. 약간 여운이 있는 소리로 들리는 어우락(甌雒)의 중국 발음인 오뤄(Oulou)는 우루(구루)와 비슷하게 소리가 나오고 읍루의 소리와도 비슷하다.

구월(甌越)에서 사용된 구(甌)?

베트남의 고대국가인 어우비엣의 한자표기는 '甌', 즉 '구'이고 중국 음은 '우' 또는 '구'이다. 또한 고구려에서의 구려의 한자표기는 '句麗'인데, 한자표기는 서로 다르지만 음이 비슷비

슷하다. 『동사강목』 부록 하권, 고구려현고(高
句麗縣考) 주서(周書)에 다음과 같이 이상한 문
장이 있다.

"고이(高夷)는 곧 고구려다.
(중략) 고구려의 구(句)는 구오(句吳), 구월(句越)의 구(句)와 같다."

여기에 구월(句越)이 등장하는데 이 나라의 이름은 베트남의 고대
국인 어우비엣(甌越, 구월)과 한국의 음이 구월로 똑같다. 다만 사용된
한(漢)자가 '甌'와 '句'로 서로 다를 뿐이다.
　그런데 비슷한 음이 또 하나 있다. 바로 우리의 고대국가 가야다.
가야 연맹에 포함된 국가 가운데 하나가 구야(狗邪)국으로 구야(狗邪)
의 중국 음 또한 구예(gǒu yé)이다. 가야국의 또 다른 이름인 구야의
중국 음(音)도 구월과 동일한 발음인 것이다.

백의민족

남월왕들의
이상한 지문

Part 5

남월 제2대 왕 조말의 흔적

한국의 고구려의 역할에 해당하는 국가가 남월인데, 이 남월국의 왕들에 대한 기록들이 어디서 많이 들어본 이야기라고 했다. 그러나 남월의 기록들로부터 아직 고구려의 흔적을 발견하지 못하고 있을 수도 있다.

제2대 왕 조말(趙眜)   남월의 제2대 왕의 이름은 조호(趙胡)인데 능에서 발견된 진짜 이름은 조말(趙眜)이다. 중국 『사기』에 기록되어 있는 이름인 조호(趙胡)와 그의 능에서 발견된 조말(趙眜)이라는 이름이 서로 다르다.

서로 이름이 왜 다른지는 시원하게 설명되는 답변은 없다. 일부의 중국학자들은 원래의 이름은 조호(趙胡)가 맞는데 조말(趙眜)이란 이름도 그 당시에 같이 사용했었을 것이라고만 추정할 뿐이다. 우리 한국과 베트남에게는 민족의 기원과 관련되기 때문에 아주 중요한 이름이다.

남월왕국 제2대 왕의 진짜 이름인 조말(趙眜)!

조말 왕에 대한 중국 기록

제2대 왕 조말에 대해 중국의 폄하하는 기록이 있다. 남월국은 그 땅에 살고 있는 백월(百越)민족으로 구성되어 있었는데, 진나라 장군 출신인 조타(赵佗, Zhao Tuo)가 건국을 했다. 우리가 주목하고 있는 조말(趙眜) 왕은 남월국의 두 번째 왕으로 조타(남월국 건국자) 왕의 손자다. 중국 사료에 의하면 조말(趙眜) 왕은 기원전 137년에 왕에 올라 기원전 122년에 서거했는데, 그는 왕으로서는 아주 빈약한 정치적인 모습을 보여주었고 도덕적으로도 문제가 있었던 왕으로 표현하고 있다.

또한 조말 왕은 남월국의 왕으로 도덕적 정치적으로 무능할 뿐만 아니라, 허약한 남방 오랑캐의 왕으로 기록하고 있었다. 여기서 남방 오랑캐라고 하면 남방에 살던 미지한 종족인 백월(百越)민족을 중국에서 비하해서 일컫는 말이다. 그렇게 나약하고 힘없고 도덕적으로 문제가 있었던 왕이라고 중국 기록에 나와 있는 것과는 달리, 그의 능에서 발견된 부장품들의 화려하고 어마어마한 양을 보면 중국에서 이야기하는 허약하고 무능하다는 기록에 대해서 자연스럽게 의문을 가질 수밖에 없다. 능이 너무 화려했던 일부 왕은 권력을 휘두르기도 했다는 기록이라도 있는데 말이다.

중국 내 다른 지역 대부분의 능이 거의 도굴 당했음에도 불구하고, 운이 좋다고 말할 정도로 아주 다행스럽게 조말 왕의 능(陵)은 일절 도굴되지 않고 원형 그대로 발견되었다. 지금도 중국에서는 조말 왕의 능(陵)을 능(陵)이라고 하지 않고 묘(墓)라고 다시 한 번 더 격하시키고 있다.

조말 왕의 능(陵)

중국 남부 광주시 월수공원 부근에서 위치한 조말 왕의 능은 그 크기에 있어서는 지금까지 발굴된 능 중에서도 거대한 규모이다. 외관의 규모로 보면 7백여 개가 넘는 붉은 사암 석재(沙岩石材)가 사용되었고, 그 묘에서는 엄청난 부장품도 발견되었다. 청동기로 만들어진 유물이 500여 점이나 발견되었고, 200여 점의 옥기를 비롯해 천여 점이 넘는 병기 및 장식물 등 압도적 규모의 부장품이 나온 것이다.

능에서 발견된 것 중에서 특이한 것은 일련의 유골이었다. 십여 구가 넘게 나왔는데 아마 순장했던 것으로 보인다. 우리나라 고대국가에서도 순장에 관한 풍습이 있었다는데, 간단히 살펴보면 삼국지 동이전(東夷傳)에 부여에서 행해진 순장에 관한 기록이 나와 있다.

"부여에서 귀인이 죽으면

그를 따르던 사람을 같이 묻어 순장을 하니,

그 수가 많을 때는 100명에 이르렀다."

　또한 한반도 남부에서 발견된 많은 무덤에서도 순장의 흔적이 계속 발굴되고 있다.

　한국인은 유난히도 옥을 좋아한다. 한국의 어머니들은 조그마한 옥으로 만들어진 선물을 사다 드리면 다른 어떤 비싼 선물보다도 더 기뻐하신다. 어머니들이 그토록 좋아하시는 옥(玉)조각들을 실로 꿰매서 만든 옷을 옥의(玉衣)라고 하는데, 고대시기에 이 옥의를 죽은 자에게 입힌다는 것은 상당히 신분이 높거나 고귀한 왕에게만 특별히 사용될 수 있었다.

　남월 조말 왕도 옥의(玉衣)를 입고 있었는데, 이 옥의는 중국의 다른 지역에서 발굴된 옥의(玉衣)와는 또 다른 옥의(玉衣)라고 한다. 중국의 다른 지역 고대 왕의 묘에서 발견된 일부 옥의들은 금루옥의라고 하는데, 남월 조말 왕에게 입혀진 옥의는 사루옥의라고 한다. 남월 조말 왕은 사루옥의(絲縷玉衣)를 입고 있었으며, 조말 왕의 시신이 안치된 방 안에는 세상에서 가장 아름다운 옥 장식들로 꾸며져 있었다. 왕이 베고 있었던 베개는 비단으로 만든 진주 베개였으며, 그 이외에 옥도장, 뿔 형태의 옥잔 등 수많은 옥으로 만들어진 옥 장식들이 가득 있었다. 능 안에서 발견된 부장품들을 보면 한마디로 휘황찬란하다고 하겠다.

　조말 왕이 입고 있었던 사루옥의(絲縷玉衣)는 중국에서 발견된 유일한 사루옥의인데, 이 옥의는 2,290여 개의 옥(玉) 조각으로 만들어져 있었고, 이 옥의(玉衣) 하나만 제작해도 수년의 시간이 필요하다고 한다.

　조말 왕의 능은 규모 면에서는 거대했고, 부장품의 정교함이나 찬란함에 있어서도 가히 압도적이라고 할 수 있을 정도로 훌륭했다. 그 당시 남월왕국의 주체라고 하는 백월민족의 마음이 담긴 듯이 그들은 정성을 다해서 자신들의 왕의 능과 부장품들을 만들었다. 그렇게 백월민족에게 존경을 받은 듯 정성을 다해 꾸며진 능에 잠든 조말 왕을 중국 기록에서는 하찮고 나약한 인물로 폄하한 것이다.

제3대 왕 조영제의 흔적

 남월이 민월과 전쟁을 할 당시에 군사지원 등으로 도움을 준 동맹국에 대한 감사의 답례로 한나라에 볼모가 된 조영제(趙嬰齊, 조말 왕의 아들) 왕자에 대한 일련의 이야기들이 한국인에게 낯설지 않다. 조영제 왕자에 대한 기록을 보다 보면 그의 이상한 이야기들은 아주 완벽에 가까울 정도로 우리 고대사의 그것과 강한 연관성을 가지고 있는 것 같다.

왕의 숙위(宿衛)

 왕자 조영제(趙嬰齊)는 남월 제2대 왕인 조말의 아들이다. 민월국이 침략했을 때 한나라에서 군사를 보내주었는데 이에 대한 고마움의 표시로 왕자를 한나라에 볼모로 보내게 되었다. 그리고 조영제(趙嬰齊) 왕자는 한나라에 가서 왕의 숙위(宿衛)로 생활했다. 숙위(宿衛)란 왕의

호위무사 직위로 왕자가 남월국을 위해 타국
인 한나라에 볼모로 가서 장안에 머물게 되었
고 가만히 있기만 한 것이 아니라 한나라 왕
의 숙위(宿衛)로서 직업생활을 하게 된 것이다.

남월 조영제의 기록

조영제 왕자는 한나라에 볼모로 가기 전에 이
미 결혼해서 아들까지 하나 있었다. 결혼해서
행복한 가정을 가진 그에게 적국에 볼모로 가
라는 것은 지옥에나 가라는 소리처럼 황당한
소리였을 것이고, 본인가족과 헤어져 사는 것
은 슬픔 그 이상이었을 것이다. 그런 그가 볼
모로 한나라에 가게 된 것은 우리에게 알려지
지 않은 그 당시의 복잡한 국제 정세가 있었
던 것 같다.

조영제 왕자가 결혼한 첫 번째 부인은 월인 여자(越人 女子)였다. 이
는 백월민족 사람이라고 해서 월(越)인 여인이라고 부르는 것으로 그
여인과 결혼을 해서 아들을 하나 두고 있었고 이름은 조건덕(趙建德)
으로 불운의 마지막 남월의 왕이 된다. 한나라로 떠난 조영제 왕자
는 도읍인 장안에 머물게 되고 한나라 조정의 명으로 왕의 숙위로
있게 된다. 그는 한단 지역 출신의 한족 여자인 규씨(樛氏)와 두 번째
결혼을 하게 되었다. 왕의 숙위 생활을 하면서 규씨 부인 사이에서도
아들을 낳았는데, 그의 이름은 조흥(趙興)이라고 지었다. 조흥은 후에

장자인 조건덕을 제치고 세자로 책봉되어 남월의 제4대 왕으로서 아버지인 조영제의 뒤를 계승한다.

유사한 한국의 전승 – 유리왕자

고구려의 유리왕자 이야기와도 일부 비슷하다고 생각할 것이다. 고구려의 건국자이신 추모왕께서는 젊은 시절에 금와왕의 나라인 부여국에서 왕자 신분으로 지내고 있었다. 부여에서 지내던 추모는 성인이 돼서 예씨 부인과 결혼을 하였고, 예씨 부인과의 사이에서는 아들을 하나 낳았는데, 그 아들의 이름이 유리다. 유리왕자는 추모와 헤어진 뒤 부여에 남아 부여 왕의 호위무사로 생활하다가 後에 고구려로 오게 된다.

이 고구려 유리왕자에 대한 이야기를 보면 고구려에서는 추모의 첫째 부인인 예씨 부인과의 사이에서 낳은 아들 유리가 호위무사였고, 남월왕국에서는 조말의 아들인 조영제 왕자가 호위무사였다. 두 고대왕국에서 중요한 위치를 차지하는 인물들의 '왕자가 호위무사'라는 것으로 두 나라의 왕자 모두 상대국에서 숙위(왕의 호위무사)로 있었다는 것이다. 남월의 조영제 왕자는 한나라 왕의 숙위로서 남월의 주요한 상대국인 한나라에서 세월을 보냈다. 왕자의 아버지는 조말이다. 또한 고구려의 유리왕자는 부여 왕의 숙위로서 고구려의 주요한 상대국인 부여국에서 세월을 보냈다. 왕자의 아버지는 추모(주몽)이다.

기원전 122년, 남월의 조말 왕이 중병에 걸렸
다. 이에 한나라에 볼모로 있던 남월 왕자 조
영제가 그 소식을 접하고는 한나라 조정으로
부터 귀국 승낙을 받았다. 남월 왕인 아버지
가 위급하다는 소식을 받자마자 고국 남월로
혼자 귀국했고, 왕자의 둘째 부인 규씨는 그
후에 귀국하게 된다. 부인이 동행하지 못할 정
도로 상당히 급박했던 경우로 보인다.

그런데 한나라에서 조영제 왕자가 남월에 귀국한 그 해에 남월국의
제2대 왕인 조말 왕은 결국 숨을 거두었다는 사실은 매우 놀라운 사
건인 것이다. 조말(趙眜) 왕이 매우 중한 병이었기 때문에 왕자는 후궁
인 아내를 놔두고 혼자 귀국했고, 또한 숙위로 있었던 왕자인 조영제
가 돌아온 그 해에 그의 아버지 조말 왕이 서거한 것이다.

조말 왕의 죽음으로 남월국의 왕좌는 한나라에서 돌아온 조영제
왕자에게 계승되었고, 그는 기원전 122년에 남월의 제3대 왕인 '영제
명왕'이 되었다.

고구려에서는 아버지 추모(주몽)왕과 떨어져 살고 있었던 유리가 부
여에서 왕의 숙위로 근무를 하다가 쪼개진 칼 조각을 들고 고구려로
넘어와서 고구려 왕 추모와 상봉했다. 기원전 19년 음력 4월, 유리가
부여에서 돌아오자 추모왕은 기뻐하며 그를 태자에 앉혔다. 그 후 5
개월 뒤에 추모왕은 서거했다. 음력 4월에 유리가 왔으니 추모왕도
유리왕자가 돌아온 그해에 서거한 것이다.

다시 정리해보면, 남월에서는 타국에서 왕의 숙위로 근무하고 있었던 왕자가 귀국하자마자 그 해에 그의 아버지인 조말 왕이 서거하고, 고구려에서도 타국에서 왕의 숙위로 근무를 하던 왕자가 돌아오자 5개월 뒤에 추모왕이 서거했다. 조금 다른 이야기로 보일 수도 있겠지만, 동떨어진 두 국가에서 벌어진 왕과 왕자에 대한 사건의 스토리가 거의 완벽할 정도로 비슷하다.

혼란스러운
남월과 고구려

남월과 고구려의 두 왕자는 타국에서 숙위(왕의 호위무사)생활을 하다가 자신들의 고국으로 돌아왔고, 그들이 온 그 해에 자신들의 아버지인 왕이 서거했다.

중국 남부에 있었던 고대국가인 남월국에서는 기원전 122년 조말 왕이 중병에 걸렸다. 이에 한나라에서 볼모신세로 숙위생활을 하고 있었던 왕자 조영제는 남월 왕인 아버지를 뵙기 위해 급거 귀국했다. 그러나 안타깝게도 왕자가 돌아온 바로 그 해에 조말 왕은 숨을 거두었다. 또 하나의 다른 왕국인 고구려에서는 기원전 19년 음력 4월에, 부여에서 숙위 생활을 하고 있었던 고구려 왕 추모의 아들 유리가 부러진 칼을 들고 겨우겨우 고구려로 돌아왔다. 추모는 자신의 아들 유리왕자를 보자 기뻐하며 그를 태자로 삼았는데 안타깝게도 그후 5개월 뒤에 40살의 나이에 추모왕은 서거했다.

남월왕과 고구려왕의 비교

지금까지 두 나라의 너무도 유사기록들은 고대에 잃어버린 지문을 하나씩 보여주고 있는 듯하다. 베트남과 한국의 동일한 전승에서 고구려의 역할을 했었던 베트남의 고대국가 남월이라는 나라에서 우리 한국의 고대국인 고구려의 지문이 서서히 보이기 시작하는 것이다.

**남월왕국의
통치자들**

남월왕국은 조타가 건국해서 제5대 왕까지 이어진 후 멸망한다. (총 93년 존속한다.) 건국자 조타가 서거한 이후인 기원전 137년부터 기원전 110년까지 4대에 걸친 왕조는 한나라와 동맹관계를 유지하면서 독립적인 통치를 유지했다. 남월을 건국한 조타는 농담으로 벽에 똥칠한다는 나이인 101세까지 살았던 상당히 장수한 왕으로 기원전 137년에 죽었다는데, 그의 무덤은 아직까지도 발굴되지 않고 있다.

중국 기록에 의하면 기원전 137년 등극한 제2대 왕인 조말 왕은 기원전 122년에 서거하실 때까지 15년간 통치를 했고, 조말 왕 이후로는 11년간 왕이 세 번씩이나 바뀌면서 국력이 상당히 약해졌다고 한다. 남월국의 존속기간이 총 93년이고 기원전 110년 남월의 마지막 왕인 조건덕 왕의 멸망까지 모두 5명의 왕이 등극한 것인데, 그 93년 중에서 67년을 조타 왕 혼자 다스렸고, 나머지 26년만 4명의 왕이 다스린 것이란다.

고구려와 남월왕의 재임 기간 비교

남월국과 고구려의 연관성을 비교하기 위해서는 고구려 왕들의 재임 기간도 중요한데, 고구려에서는 추모왕의 선대 왕[이전(前)]에 대한 기록이 거의 없다. 그저 소서노의 남편이었고 부여 해부루왕 서손이었다는 정도로만 알고 있으니 당연히 그가 오래 살았는지 금방 죽었는지에 대한 기록도 남아있지 않다.

고구려에서는 추모의 재임 기간이 기원전 37년부터 19년으로 18년간 통치한 것으로 나온다. 남월의 조말 왕은 15년간 재임했다고 하니 약간만 비슷하다. 유리왕은 기원전 19년에 등극해서 기원후 18년까지 왕위에 있었으니 37년간 재임한 것이다. 남월 조영제 왕의 재임 기간인 9년과는 너무 큰 차이가 발생한다.

고구려의 유리와 남월의 조영제, 두 왕자의 재임 기간을 비교해봤는데 너무 큰 차이를 보여주고 있으니 두 왕국은 완전 다른 국가라고 결론을 내려야 하는가? 앞에서 언급했던 것처럼 한국의 고구려사에 있어서 유리왕의 부인이자 대무신왕의 모후인 왕후 송씨의 사망 시점과 대무신왕이 태어난 시기에 모순이 존재한다.

"고구려 역사에 모순된 기록이 있다.
대무왕의 모후이신 왕후 송씨가 기원전 17년에 서거하셨는데,
셋째 왕자 무휼(대무신왕)은 서거 21년 후인
AD 4년에 태어난 것으로 기록되어 있다."

남월과 고구려의 연관성을 확보하는 데 있어서 가장 중요한 부분이 왕들의 재임 기간 비교라고 생각했는데, 우리 고구려의 역사에 하필이면 그 당시의 기록에 모순이 존재하고 있는 것이다. 아쉽지만 이 모순 때문에 재임시기의 비교 자체가 불가능해졌다.

남월왕국의 일련의 표식들은 고구려의 그것과 비슷하다. 두 국가의 유사한 사건을 다시 확인해 보자.

- 왕자의 타국에서의 직업

  → 타국에서 왕의 숙위로 지냄.

- 왕의 서거 시기

  → 타국에서 숙위로 있던 왕자가 돌아온 해에 왕은 서거함.

- 남월의 영제 왕과 고구려의 유리 왕의 휘호

  → 둘 다 명왕(明王)

고구려 초기 왕들과
남월의 왕들

	고구려	남월왕국	비고
제○대 왕	구태 또는 우태	조타(위타)	해부루왕의 서손
제○대 왕	추모(주몽, 도모)	조말(趙眜)	중국측 기록은 조호
제○대 왕	유리명왕	(조)영지명왕	
제○대 왕	대무신왕	조흥	백성들에게 죽임당함
제○대 왕		조건덕	남월국 멸망

조타는 위타로도 불렸었다. 남월국 건국자인 조타를 위타라고도 호칭했었는데 남해군 위(尉) 임효가 죽은 후 조타가 남해군의 총독을 물려받았을 때 남해군 위 조타라고 칭한 것이다. 위타(尉佗)를 인물사전을 찾아보면 다음과 같이 나온다.

"위타(尉佗),

한(漢)나라 광무제(光武帝) 때의

남월왕(南越王) 조타(趙佗)를 말함."

위타라는 남월왕의 명칭은 추모가 고구려를 건국하기 이전에 왕으로 있었던 소서노의 남편인 우태와 이름이 비슷하고, 실제 이름인 조타는 우태의 다른 이름인 구태라는 이름과도 비슷하다. 두 국가의 초기 제3대 왕까지는 왕은 다음과 같다.

졸본부여 – 고구려	우태(구태) – 추모(주몽) – 유리명왕
남 월	위타(조타) – 조말 – 영지명왕

남월 제4·5대 왕은 망국의 왕

한국의 고구려와 베트남의 남월국을 '동일한 국가'라고 가정을 해보자. 같은 국가인데 남월 4대 조흥 왕과 5대 조건덕 왕의 이름이 고구려의 사기에 없는 이유에 대해서는 앞에서 이야기한 것과 같이 추측해볼 수 있겠다.

고구려 입장에서는 제4대 왕과 제5대 왕을 사기에서 고의적으로 삭제했을 가능성도 있다. 그 이유를 보면 4대 왕 조흥은 그의 어머니인 한족 출신 후궁 규씨의 횡포가 도를 넘어 남월이라는 국가를 한나라에 통째로 받치려 했는데, 이에 동조하였던 점 때문에 역사라는 드라마의 주연에서 제외됐으리라 추측해 볼 수 있다.

또한 제5대 왕 조건덕은 그의 통치시기에 한나라로부터 침략을 받아 국가가 멸망해 백월(百越)민족의 국가 사직을 보존하지 못한 점 또한 죄가 크다 할 수 있다.

고구려의 추모와 남월의 조타

남월의 조타 왕은 한나라 장수 출신이기 때문에 그 정통성에 있어서는 고뇌를 할 수밖에 없었다. 그러던 중, 부여에서 온 천자의 아들 조타 왕은 백월의 정통성이 없어 늘 고민하고 있었는데, 어느 날 갑자기 부여에서 도망왔다고 하는 몇몇 장성이 자신을 찾아왔다. 그중에서 한 장성은 키도 크고 얼굴도 잘생겨서 조타가 눈여겨 지켜보고 있었다.

그런데 그 장성이 하는 말이 이랬다.
"자신은 정통성을 지닌 백월(百越)족 출신이자 천제(하느님)의 아들이고 또한 자신의 어머니는 하백(물의 신)의 따님이시다"

이에 조타는 '아~ 이 분은 지금 부모가 없는 분이시다'라고 생각한 것이다. 그러면서 천제(天帝)의 아들이라고 칭해주니 조타 자신에게는 없었던 월(越)민족의 정통성을 부여해 줄 수도 있다고 생각을 했다. 결국 조타는 천제의 아들이라고 아주 용감하게 주장하는 그에게 자기의 후대를 물려주었다.

소리(音)의 교체

**고구려와 남월의
건국**

지리적으로 동떨어진 두 국가에서 발생된 유
사성들로 말미암아 그 국가들에 대한 정체가
무엇인지 혼란스럽기까지 했다. 앞에서 이야
기했던 고구려와 남월왕국의 이상한 점에 대
해 간략하게 정리하면서, 두 나라에서 벌어진
일련의 사건들을 표기했던 한자들의 소리를
교체하는(한자에 대한 발음을 중국 발음으로, 흡의 차입)
작업만으로도 한국의 고대에 발생된 사건들
과 연관성이 부여될 수 있다는 것을 보자.

● 고구려 이야기

추모는 두 번째 왕으로 볼 수 있다. 전승에 의하면 해부루의 서손
우태(또는 구태)가 졸본 사람 연타발의 딸 소서노와 결혼을 했는데, 소
서노는 우태 왕이 죽자 졸본으로 망명한 추모와 재혼하였다. 1장에

서 이야기한 것처럼 추모에 대한 건국 기록을 살펴보면, 기원전 37년에 "졸본부여 왕의 뒤를 이어" 고구려를 건국했다고 한다. 이는 추모왕이 졸본부여 왕의 계승자임을 밝힌 것이다.

이 같이 고구려로만 본다면 추모가 건국자이긴 하지만, 소서노의 남편인 졸본부여 왕 우태를 첫 번째 왕이라고 간주할 수 있기 때문에 추모는 우태의 뒤를 이은 2번째 왕이라고도 할 수 있다. 추모는 기원전 37년에 졸본부여 왕의 뒤를 이어 고구려를 건국한 것이다.

추모의 첫 번째 황후 예씨 부인은 추모가 금와왕의 북부여에 있을 때 결혼한 아내였고, 추모는 졸본에 정착하여 졸본부여 왕의 딸과 두 번째 결혼을 한 것이다. 고구려를 건국해 국력을 신장시키고 있었는데, 이전에 북부여에서 결혼한 황후 예씨 부인과의 사이에서 태어난 유리가 고구려에 찾아왔다. 유리는 고구려로 오기 전에는 부여에서 왕의 호위병인 숙위로 있었다고 한다. 추모는 뜻밖에도 장자(유리)가 찾아온 것을 보고 기뻐하며 그를 태자로 삼았는데, 그 후 5개월 뒤에 40살의 젊은 나이로 추모왕은 사망하였다고 한다. 이에 유리가 왕권을 이어받아 유리명왕이 되었다.

● 남월 이야기

기원전 209년 각국 제후들이 진(秦)나라에 반기를 드는 것을 계기로 중국이 대 전란에 휩싸인다. 그 틈에 조타(趙陀)가 독립하여 기원전 203년 남해, 계림, 상군 등 3군을 합쳐 독립된 나라를 세우니 남월(南越)국이라 하였고 도읍은 번우(番禺)로 정했다. 그 땅의 백성들을 백월민족이라고 불렀다.

기원전 207년에 진(秦)나라 장수 조타(趙佗)가 남월국(南越國)을 세웠다. 손자 조호가 남월 2대 왕이 되었고, 조호의 아들 조영제가 3대 왕이 되었다. 1983년 6월 중국 광주 시내에서 남월 2대 왕 조호의 묘가 발굴되었는데, 거기서 나온 도장에 기록된 그의 이름을 보니, 조말(趙眛)인 것이다.

조말(趙眛)이 남월의 2대 왕이 된 후, 기원전 135년에 이웃국가인 민월(Minyue)이 침략을 했는데, 전쟁 준비가 되어있지 않은 왕은 한나라에 구원을 요청하게 되었고 지원병을 보내준 것에 대한 감사의 표시로서 조말(趙眛) 왕의 아들인 왕자 조영제가 한나라에 볼모로 가게 되었다. 왕자 조영제(趙嬰齊)는 한나라에 볼모로 가서 왕의 숙위(宿衛), 즉 왕의 호위무사로 근무하게 된다.

● **첫 번째 부인 월인 여자**(越人 女子)

그러나 한나라에 볼모로 가기 전에 조영제 왕자는 이미 월인 여자(越人 女子)와 결혼을 해서 아들인 조건덕(趙建德)을 가졌었다. 또한 한나라 장안에 머물러있는 동안에도 한나라 여자인 규씨(樛氏)와도 결혼을 해서 아들을 낳았는데, 그 이름은 조흥(趙興)이라고 했다.

기원전 122년 조말 왕이 중병에 걸리자 왕자 조영제는 황제에게 승낙을 받아 아버지 조말 왕을 뵙기 위해 남월로 돌아왔다. 그러나 그해에 조말 왕은 결국 숨을 거두었다. 이후 남월왕좌는 한나라에서 돌아온 왕자 조영제에게 상속되었고, 그는 남월의 제3대 왕인 '영제 명왕'으로 등극했다.

音에 대해서 이야기한 것처럼, 역사에 표기된 일부 한자를 중국 발음을 이용해서 동일한 사물을 보도록 하자.

	한국 발음	중국 발음
眜	말	모(mò)
越	월	예(yuè)

조말 왕의 이름은 중국 音으로는 조모라고 소리 내고, 남월(南越) 등에 사용된 월(越)이라는 한자는 '예'의 소리가 된다. 또한 월(越)국의 백성들을 백월이라고 부르는데 월(越)의 중국 발음이 예(Yue)이니 백월은 백예의 소리가 된다. 남월, 민월, 동구, 장사 등의 주요 구성원들이 백월(百越)민족이라고 했으니 그 나라들은 모두 중국에서는 백예민족의 나라들이라고 부른다.

남월왕국 건국자인 조타를 위타라고도 호칭했고, 고구려 이전의 졸본부여 왕 이름은 구태 또는 우태라고 한다. 남월국 제2대 왕인 조말(趙眜)의 중국 발음은 조모이고, 졸본부여 왕 구태(우태)를 계승한 왕은 고구려의 추모이다.

조말의 중국 발음이 조모라고 하니 고구려의 건국자이신 추모를 부여 왕까지 포함해서 제2대 왕이라고 간주할 수 있고, 남월국의 제1

대 왕과 제2대 왕의 이름이 고구려 왕의 이름과 비슷하다. 남월의 제 1대 왕은 조타 또는 위타이고, 고구려의 제1대 왕(부여 왕)은 구태 또는 위태이다. 또한 남월의 제2대 왕은 조모이고, 고구려의 제2대 왕(부여 왕 포함)은 추모(주몽)이다.

월인 여자(越人 女子)는 예씨 부인

남월국 제3대 왕인 조영제 왕의 첫 번째 부인을 월인 여자(越人 女子)라고 하는데, 월의 중국 음이 예(yue)이므로 예인 여자로 발음이 된다. 여기서 예인 여자는 월(越)족의 여인을 뜻하는 것으로 여기서 인(人)은 부족(종족, clan)을 말한다. 부족 또는 종족을 뜻하는 한자가 氏이다. 그렇다고 한다면 월(越)인 여인은 월씨 여인이 되고, 중국 발음으로는 예씨 여인이 된다.

즉 조영제 왕의 첫 번째 부인은 예씨 부인이 되는 것이다. 고구려 추모왕의 첫 번째 부인이신 왕후도 예씨 부인이라고 한다. 그러나 예 씨 부인은 고구려에서는 추모의 첫 번째 부인이고, 남월왕국에서는 조모의 아들인 영제왕자의 첫 번째 부인으로 설정에는 다소 차이를 보이긴 한다. 그렇지만 중요한 점은 두 고대왕국에서 중요한 위치를 차지하는 인물들의 "첫 번째 부인이 예씨 부인이다"라고 호칭하고 있는 것이다.

낙랑국의
고각(鼓角)과 금조

설화에서 낙랑국의 고각(鼓角)이 무엇인지는 여러 의견이 있었는데, 고각(鼓角)에 대한 중국 발음이 구조이다. 또한 베트남 설화에서 나오는 신궁(활)의 이름이 금조신노(金爪神弩)이다. 금조신노는 금조(金爪)가 이름이고 신노(神弩)는 신의 활을 뜻한다고 했다. 고구려의 낙랑공주 설화에서 나오는 고각(鼓角)에 대한 중국 발음인 구조와 베트남의 낙랑공주 설화에 나오는 활의 이름인 금조는 동일한 소리가 된다.

소리의 교체로
인한 고대사의
회복

지금까지 본 것처럼 월(越)인 여자 또는 조말(趙眛), 고각(鼓角) 등의 한자는 지금 사용하는 한국 발음으로 소리를 낼 경우에는 조말 또는 월인 여자, 고각 등으로 발음되어 우리와는 전혀 상관없는 다른 이야기로 전달된다. 그러나 중국의 음(音)으로 사용했을 경우에는 조모, 예씨 부인, 구조 등 우리의 전승에 나와 있는 객체와의 유사성이 뚜렷하게 보인다.

남월 멸망 후 베트남의 저항

연대(年代)에 관계없이 남월과 고구려의 왕들을 비교하니 거의 동일 국가의 모습으로 보인다.

전승, 씨앗의 전달

베트남과 고구려의 이천 년 전 전승 낙랑공주와 호동왕자 설화는 100% 동일한 전승이라고 언급했다. 또한 고구려와 남월에서는 또 다른 전승이 이어져 오고 있다.

● 고구려의 비둘기

추모는 고구려를 건국할 당시에 백성에게 가장 시급한 식량문제를 자신의 어머니이신 유화부인에게서 도움을 받았다. 유화부인은 비둘기를 통해서 보리 씨앗을 추모에게 전달해 주었고 보리 씨앗을 받은 추모는 남쪽으로 내려와 도읍을 정해 나라를 건국했다.

● 남월의 양

남월 조모왕릉이 있는 중국 광저우를 칭하는 또 다른 이름은 양성 (羊城)이다. 양의 도시라는 의미이다. 이 양성이라는 이름이 붙은 이유를 광저우의 전승을 통해서 알아보자.

"오래전 고대시기에 광저우 사람들은 기나긴 가뭄에 굶주리고 있었다. 사람들은 하늘에 정성껏 기도를 올렸는데, 하늘에서 그들의 간절함에 5명의 선녀를 보냈다고 한다. 5명의 선녀는 5마리의 색깔이 다른 양(羊)을 데리고 왔는데, 그 양들은 제각각 다른 벼 이삭을 물고 왔다고 한다. 그때까지만 해도 벼농사를 모르던 광저우 사람들은 선녀와 양이 전해준 벼 이삭을 뿌려서 오랜 굶주림에서 벗어났다는 설화가 전해져 내려오고 있다."

고구려에서 전해져 내려오는 유화부인이 비둘기를 통해서 보리 씨앗을 전달한 것과 남월에서 전해 내려오는 양(羊)이 벼 이삭을 전달했다는 설화의 모티브는 동일하다. 유화부인의 비둘기와 선녀의 양은 백성들의 굶주림을 해결해 준 씨앗의 전달자 역할이라는 점에서 두 설화는 동일한 전승으로 볼 수 있다.

남월의 멸망과 왕의 계승자

남월국의 주요 구성원은 현재의 베트남을 구성하고 있는 백월(百越)인들이니, 남월은 당연히 베트남의 고대국가이다. 한국이 고구려를 한국의 고대국가로 보듯이 말이다. 그러나 지금도 중국에서는 남월을 중국의 속국이었다고 주장하고 우리의 고구려도 자신들의 속국이었다고 한다.

한국의 고대국가 고구려와 베트남의 고대국가 남월, 그렇게 두 나라가 자신들의 속국이었다고 하는 것이다. 그러나 남월과 고구려가 같은 나라라고 한다면 두 개의 속국이 하나가 되므로 중국의 역사에 모순이 있다는 것이 된다. 남월국은 망했지만 한나라에 대한 월(越)민족의 저항은 그 이후에도 계속 이어졌다. 남월 멸망 후 아주 힘든 과정이었지만 결국 그들은 백월민족의 새로운 지도자와 함께 강한 부활의 몸짓을 했다. 고구려의 광개토대왕비에서도 그 백월민족의 지도자에 대한 기록이 나와 있는데, 광개토대왕비에서는 그를 왕의 계승자라고 기록하고 있다.

동일한 사물

● **건국자에 대한 유사 호칭**

남월 건국자인 조타를 위타라고도 호칭했다. 고구려 이전인 졸본부여 왕의 이름이 구태 또는 우태라고 한다.

● **조말(趙眛)의 중국 발음인 조모**

남월 제2대 왕 조말(趙眛)의 중국 발음은 조모이다. 고구려의 건국자는 추모이고, 그는 졸본부여 왕의 뒤를 이어 고구려를 건국했다.

● 예씨 부인의 등장

남월 조영제 왕의 첫 번째 왕후는 월(越, ⓒ예)씨 부인이다. 고구려 추모왕의 첫 번째 왕후도 예씨 부인이라 한다.

● 추모의 아들과 조모의 아들 휘호

남월 조모 왕의 첫 번째 왕자 이름은 영제(ⓒ영지)명왕(明王)이라 부르고, 고구려 추모왕의 첫 번째 왕자 이름은 유리명왕(明王)이라고 한다.

● 두 왕국 왕자의 타국에서의 직업

남월의 영지명왕은 한나라에서 숙위(호위무사)로 있었고, 고구려의 유리명왕은 부여국에서 숙위로 있었다.

● 아들이 고국으로 돌아온 직후 왕의 서거

남월 조모 왕은 왕자인 조영지가 돌아온 후 그 해에 임종을 맞았다. 고구려왕 추모왕은 왕자인 유리가 돌아온 후 5개월 만에 임종을 맞이했다.

이렇게 두 국가에서 벌어진 모든 사건들이 동일하다는 것은 한국의 또 다른 이름을 코리아라고 하듯이 남월의 또 다른 이름은 '(고)구려'라고 말할 수 있다는 것이다.

위대한 '왕의 계보'

남월국과 고구려가 동일한 국가라고 한다면, 남월국의 왕의 계보가 우리가 알고 있는 고구려의 왕의 계보와 같아야 한다.

어우비엣 + 낙비엣 ➜ 어우락 ➜ 남월왕국 ➜ 고대 베트남

● 베트남의 기원전 초기(BC 257년~BC 100년) 왕의 계보

어우비엣(甌越, 구월,구예) + 낙비엣(雒越)

↓　안 듕붕의 통일

어우락(甌雒, 구락)왕 : 안 듕붕

↓　남월왕국의 병합

남월왕국

　　　최초 건국자　조타

　　　제2대 왕　　　조모

　　　제3대 왕　　　조영지(영지명왕)

　　　제4대 왕　　　조흥

↓　제5대 왕　　　조건덕

남월왕국 멸망

남월왕국 멸망 후 고대 베트남으로 정리될 수 있다.

● **베트남**(어우락 + 남월 왕의 계보)

어우락국	왕	안 둥붕
남월왕국	건국자	위타(조타)
	제2대 왕	조모
	제3대 왕	조영지 명왕
	제4대 왕	조흥
	제5대 왕	조건덕

● **고구려**[부여 + 고구려(건국 초기) 왕의 계보]

부　　여	왕	동명왕
졸 본 부 여	왕	우태(구태)
고　구　려	건국자	추모
	왕	유리 유리명왕
	왕	무휼 대무신왕

고구려 유리명왕까지는 그 계보가 거의 비슷하다.

한국 고대사에 의하면 고구려 유리명왕의 계보는 전쟁의 신이라고 부르는 대무신왕 무휼이 계승한 것으로 나와 있고, 남월의 조흥과 조건덕왕은 고구려에서는 보이지를 않는다. 고구려와 남월국은 동일한 국가인데 앞에서 알아본 것처럼 남월국의 영지명왕 다음은 조흥 왕이 4대 왕이고, 5대 왕은 조건덕 왕이었다. 그러나 4·5대 왕 재임 시기에 벌어진 일련의 사건들, 국가를 한나라에 바치려했고, 국가를 멸망당한 부분들은 고구려의 기록에서는 존재하지 않지를 않고 있다. 그 이유는 제4대 왕인 조흥 왕은 남월국을 한나라에 병합시켜 월(越)의 민족정기를 송두리째 사라지게 시도한 원흉이었고, 제5대 왕 조건덕은 국가를 보존하지 못했기 때문에 그 죄 또한 커서 역사에서 제외된 듯하다.

삼국사기에 의하면 고구려는 추모(주몽)왕부터 광개토대왕까지는 13세(世)대라고 구성되어있지만, 광개토대왕릉비에서는 왕이 17세손(世孫)이라고 되어 있는데 여기에서 빠진 4명 중 두 명이 조흥과 조건덕인 것이다.

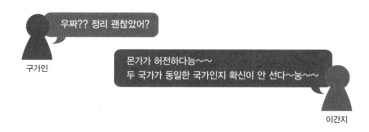

구가인: 우짜?? 정리 괜찮았어?

이간지: 몬가가 허전하다능~~
두 국가가 동일한 국가인지 확신이 안 선다~눙~~

백의민족

남월은
고구려다

Part 6

고대 베트남의 위대한 항전

고구려와 남월을 동일한 국가라고 정의하는 데서 약간의 부족함은 지금부터 사라질 것이다. 베트남과 한국의 고대 전승이 동일한 이유와 추모왕이 건국한 고구려가 이천 년 만에 그 참모습을 나타낸다.

왕의 계승자

베트남 사기를 보면, 기원전 110년경에 남월왕국이 멸망한 이후에도 백월민족의 지도자로서 왕의 사직을 보존하고 계속해서 한나라에 강하게 항전했던 위대한 백월(百越)의 왕에 대한 기록이 간략하게 남아있다.

위대한 왕의 계승자는 베트남의 고대국가인 어우락(구락)의 왕으로서 백월민족의 영웅인 안 둥붕의 후손이자 백월(百越)민족의 정통성을 계승하신 왕이시다. 그는 세상을 멸했던 한나라의 강압에 절대 굴복하지 않았고, 백월민족의 부흥을 위해 Co Loa(고라) 성을 기반으로 삼아 백월의 민족정신과 선왕들의 업을 이어받으신 진정한 계승자다.

위대한 계승자의 이름

그 왕은 남월왕국 멸망 이후, 고대 베트남의 왕이자 한나라와 마지막까지 싸운 백월민족의 지도자로서 그 이름이 베트남에 남아있다. 고대 베트남의 위대한 계승자의 이름은 다름 아닌 Tay Vu 왕이다.

"Tay Vu"

Tay Vu, Tay Vu의 베트남 발음은 대무이다. 바로 남월왕국의 유일한 적자이자 계승자이다. 또한 고구려의 대무신왕과 동명(같은 이름)이시다. 남월의 또 다른 이름이 고구려이기도 한 마지막 지문으로, 베트남과 한국의 낙랑공주와 호동왕자 설화가 동일한 이유이기도 한 것이다. 베트남은 고대에 우리와 동일한 백의민족으로 그들과 우리의 기원은 같고 고구려의 또 다른 이름은 남월이었다.

베트남에서는 Tay Vu왕에 대한 기록은 거의 남아 있지 않지만, 이름은 정확히 기억하고 있었다. 기원전 111년경 베트남에 대한 한(漢)제국의 지배를 강하게 거부하고, 끝까지 항전한 왕이라고 또한 그의 서거에 대한 이야기도 있다.

고구려의 전쟁의 신

고구려에도 베트남의 Tay Vu왕에 대응되는 왕이 있다. 유리명왕의 아들 대무신왕(大武神王)이다. 그러나 대무신왕에 대해서 우리가 알고 있던 이야기는 강한 전사 같은 전쟁神의 이미지였다. 그런데 베트남의 대무(Tay Vu)왕은 멸망한 남월왕국 이후에 한나라의 지배를 거부하고 끝까지 항전한 모습으로 그려져 있다.

두 대무왕의 이야기가 조금 다른 것 같다. 가뜩이나 추모(주몽)왕의 고구려는 초기 왕조가 망했다는 기록은 없고 더군다나 대무신왕은 우리에게는 강렬한 전사의 이미지를 가진 왕으로 기억되고 있다. 대무신왕은 군사적으로 강력했었던 왕으로 지금은 전쟁의 신이라는 별명까지 붙어있다. 그렇다면 베트남의 Tay Vu(대무)왕과 우리의 대무신왕은 서로 다른 인물은 아닐까? 이 의문을 풀기 위해서 사기에 기록되어 있는 고구려 대무신왕에 대한 이야기 중에서 한 부분을 살펴보자.

대무신왕(大武神王)

다음은 삼국사기의 고구려 본기의 대무신왕 이야기 중에서 한나라 태수가 침략했을 당시의 기록이다. 한나라와 고구려의 당시 군사력에 대한 비교가 될 수 있는 부분을 발췌한 것이다.

삼국사기

삼국사기 제14 고구려본기 제2 **大武神王**(대무신왕)
대무신왕 11년의 이야기, 한나라 요동 태수의 침략

가을 7월에 한나라의 요동태수가 병력을 거느리고 쳐들어왔다. 왕이 여러 신하를 모아 싸우고 지키는 계책을 물었다.

우보 송옥구가 말하기를,
"(중략) 험한 곳에 의지하여 기발한 계책을 내면 반드시 깰 수 있습니다."

좌보 을두지가 말하기를,

"작은 적(敵)이 강해도, 큰 적에게 잡히는 법입니다. 신은 대왕의 병력과 한 나라의 병력을 비교하여 어느 쪽이 더 많을지 헤아려 보건대 계책으로는 정벌할 수 있지만 힘으로는 이길 수 없습니다."

왕이 물었다.
"계책으로 정벌한다는 것은 어떻게 하는 것인가?"

을두지가 대답하기를,
"지금 한의 병력이 멀리 와서 싸우므로 그 날카로운 기세를 당할 수 없습니다. 대왕께서는 성을 닫고 굳게 지키다가 저들의 군대가 피로해지기를 기다려서 나가 공격하면 될 것입니다."

왕은 그렇게 여기고 위나암성으로 들어가 수십 일 동안 굳게 지켰는데, 한의 병력이 포위하여 풀어주지 않았다. 왕은 힘이 다하고 병사들이 피로하므로 을두지에게 일러 말하기를,
"형편이 지킬 수 없게 되어가니 어찌하면 좋은가?"

을두지가 말하기를,
"한나라 사람들은 우리가 돌로 된 땅이어서 물이 나는 샘이 없다고 말합니다. 이에 오래 포위하여 우리가 어려워지기를 기다리는 것입니다. 연못의 잉어를 잡아 수초에 싸서 맛있는 술 약간과 함께 한(漢)의 군대에 보내어 군사를 위로하십시오."

왕이 그 말을 따랐다. 글을 주어 말하기를,

"과인이 우매하여서 상국(上國)에 죄를 얻어, 장군으로 하여금 백만 군대를 거느리고 우리 국경에 갑자기 나타나게 하였으니, 두터운 뜻이 없이 문득 가벼운 물건을 드리게 되었다."

이에 한(漢)의 장수가 성 안에 물이 있어 갑자기 쳐서 빼앗을 수 없다고 생각하고 답하기를,

"우리 황제가 나를 둔하다고 여기지 않고 영을 내려 군대를 출동시켜 대왕의 죄를 묻게 하였는데, 국경에 다다른 지 열흘이 지나도록 요령을 얻지 못하였다. 이제 보내온 글을 보니 말이 도리를 따르고 또 공순하니 감히 핑계를 되지 않고 황제에게 보고하겠다."

마침내 군사를 이끌고 물러갔다.

삼국사기 기록에 대한 소회

거대한 고구려 군대가 보이지 않는다. 앞에서 언급한 삼국사기 내용을 보면서 느끼는 분위기는 다음과 같다.

- 신하 송옥구의 "험한 곳에 의지하여 기발한 계책을 내면 반드시 깰 수 있다."
  - 숨어 있다가 기발한 계책이 안 나오면 이길 수 없다.
- 신하 을두지의 "힘으로는 이길 수 없다. 성을 닫고 지키다가 저들의 군대가 피로해지면 공격하자."

- 안 피로해 지면 칠 방법이 없다.
- "과인이 우매하여 상국에 죄를 얻어 ○○○를 드리게 되었다."
  - 그만해라! 이제 그만 가라!

● 고구려와 베트남의 대무왕이 처한 상황은 같다

삼국사기 내용으로 보아 베트남의 대무(Tay Vu)왕과 고구려의 대무신왕이 처한 상황은 크게 다르지 않다. 한나라에서 쳐들어온 일개 태수와의 직접적인 전투를 우회했음에도 불구하고, 고구려 왕이 친히 머물고 계신 성(城)조차도 사수하기 버거워하는 상황으로 보면 고구려와 한나라의 전쟁 능력에서 상당한 차이를 보여주고 있는 것이다. 또한 고구려의 왕이 한나라 태수에게 준 서신의 내용에서도 보듯이, 한 단계 낮추어 저자세의 글을 준 것은 대무신왕 이전에 고구려에게 발생된 커다란 피해나 분열로 인해서 군사 및 전쟁 능력이 현저하게 떨어져 있는 상태로 보여 진다. 위와 같은 두 나라의 국가 간 전쟁 능력으로 본다면 두 분(베트남의 Tay Vu왕과 고구려의 대무신왕)은 동일한 상황에 처해있었던 같은 대무신왕이라고 볼 수 있겠다.

● 대무신왕에 대한 광개토대왕비의 기록

남월왕국이 멸망한 후에 처한 상황 중에서 가장 시급했던 것은 백의민족의 나라이었던 남월왕국의 종묘사직에 대한 계승이었을 것이다. 종묘사직의 숭고한 계승이야말로 그 당시에 처한 살아남은 남월왕가의 중요한 이슈이고, 그 종묘사직을 계승한 왕에 대한 기록을 후대에 남기는 것이 남월국의 가장 소중한 의무이었을 것이다. 그 계승자에 대한 이름이 광개토대왕비에 기록되어 있다. 광개토대왕비에 기록된 대무신왕 관련된 기록은 다음과 같다.

"大朱留王 紹承 基業"
대주류왕 소승 기업

여기에서 대주류왕(大朱留王)은 '대무신왕'을 뜻하고, 소승(紹承)은 '계승하다(이어받다)'는 뜻이며, 기업(基業)은 '조상 때부터 대대로 전하는 왕업'을 의미한다. 즉, "대무신왕은 왕의 정통성을 계승했다."고 기록되어 있다. 이 간단한 문장은 대무신왕이 초기 고구려(남월왕국)의 계승자임을 명백히 밝힌 것이고, 대무신왕은 고구려의 왕으로서 그의 역할 중에서 가장 위대했던 것이 종묘사직을 계승한 것임을 광개토대왕비에 기록함으로써, 대무신왕이 국가 위급 시기에 고구려의 종묘사직을 계승했음을 직접적으로 말해주고 있는 것이다.

전승의 기원은 같다

이 모든 사료를 종합해 볼 때 고구려의 대무신왕과 베트남의 Tay Vu(대무)왕은 동일하고, 남월왕국은 고구려의 또 다른 이름으로 그 둘은 하나에서 시작된 같은 나라인 것이다. 고구려와 남월은 동일한 국가이고 그들의 왕은 동일한 왕으로 우리 한국의 잃어버린 고대사의 연결 부분이다.

같은 나라의 백의민족의 백성들이 그 당시에 처한 험난한 역사 속에서 헤어졌지만, 그들은 고대 설화를 기억하고 있었다. 하나는 베트남에서 쫑띠와 미쩌우로 다른 하나는 한국에서 낙랑공주와 호동왕자로 전승되고 있었다. 하나는 남비엣(남월)이라는 국가로 하나는 고구려라는 이름으로만 알고 있었기 때문에 그 둘의 연관성이 쉽게 보이지 않았던 것이다.

고구려와 남월은 동일한 국가로 베트남과 한국의 동일 설화인 낙랑공주와 호동왕자의 동일기원의 열쇠는 바로, 베트남과 한국이 같은 백의민족이었기 때문에 두 나라에서 동일한 내용의 전승이 가능했던 것이다. 두 나라의 설화는 동일한 기원을 가진 것으로 베트남과 한국의 국민들에게 이천 년 동안 잊지 않고 이어져 내려온 것이다. 지금 이천 년이 지났지만 그 둘의 만남이 다시 시작되었다. 베트남과 한국! 이제는 서로를 잊지 말자!

고구려의 건국 시기는?

고구려는 추모왕(동명성왕)이 졸본(卒本)에 도읍해 나라의 이름을 고구려로 한 것이 기원전 37년이다. 남월국의 건국은 기원전 207년으로 건국자 조타가 남월무왕을 선포한 시기를 고구려의 건국시기로 본다면 170년의 차이가 발생된다. 그러나 남월의 조모 왕의 등극 시기가 고구려의 건국시기라고 본다면, 조모왕의 등극 시기는 기원전 137년이므로 100년의 차

이가 발생되지만 분명히 추모는 졸본부여 왕
을 계승했다고 기록되어 있으니 170년이 가까
울 듯하다.

　그러나 이 시기가 정확하다고 볼 수 없는 것이 남월의 낙랑공주 설
화가 발생된 시점은 기원전 179년경이라고 추정되고, 고구려의 낙랑
공주 설화의 발생 시점은 기원후 32년경이라고 하는데, 그 둘의 연대
기는 211년의 차이가 발생된다. 이 모든 상황을 볼 때 고구려의 정확
한 건국 시기에 대한 연구는 중국과 우리나라와의 역사연구가 이루
어져야 가능하겠다. 물론 위의 자료로 추정은 가능하고, 추정해보면
고구려의 역사는 100년에서 170년 또는 211년이 상향되어야 하지만
그 폭이 너무 크므로, 정확한 시기는 학계에 넘겨야 할 것 같다.

베트남과 한국은 같은 민족

왕들의 계보

● 어우락–남월의 왕들

어우락(Au Lac)	안 둥븅
남월	위타(조타)
	조모
	영지
	조흥
	조건덕
	Tay Vu(대무)

● 부여–고구려의 왕들

부여	동명왕
졸본부여	우태(구태)
고구려	추모(주몽)
	유리
	대무신왕

지정학적으로 한참 떨어진 두 나라의 고대 국왕의 이름이 일치했고, 당시의 모든 역사적 사건도 일치한다. 이는 싱크로율 100%라는 것이다.

"남월의 또 다른 이름이 고구려라는 것이고,
 남월의 모든 왕들은 고구려의 왕들이다!"

저 멀리 떨어진 베트남과 한국은 같은 민족이자 백의민족의 피를 나눈 친구였으니, 둘은 고대에 잃어버린 형제이고 가족인 것이다.

진실의 이야기　　● **다른 이름의 동일한 국가 – 남월과 (고)구려**
고대시기에 남월과 고구려는 동일한 국가이고, 그들의 후대인 베트남과 한국은 같은 민족이자 같은 백의민족이다. 두 나라의 조상들은 같은 제단에서 같은 옷을 입고 조상과 신에게 제를 같이 올렸다. 의식을 같이 했고, 문화를 같이 번성시켰으며 적과의 전쟁을 같이 나가 싸웠던 것이다.

인류 문명의 시대 이전부터 나라의 기틀을 세워 그들만의 찬란하고 독창적인 문화를 꽃피웠으며, 하늘을 향해 제를 올리고 자연을 숭배해온, 고대로부터 아주 오래된 만년의 세월을 이어져 온 민족, 그 위대한 민족의 사직을 계승한 이들이 바로 우리들이다.

	고구려	남월
제1대 왕	우태 또는 구태(졸본부여)	위타 또는 조타
제2대 왕	추모(주몽 또는 도모)	조모(중국 발음)
제3대 왕	유리명왕	(조)영지명왕
		조흥
		조건덕
계 승 자	대무신왕	Tay Vu(대무)왕

**어우비엣과
낙비엣은?**

남월은 앞에서 정의가 내려진 것처럼 추모(주몽)의 고구려와 동일한 나라이다. 이렇게 되면 '그 이전 국가인 어우비엣(Au Viet)국과 낙비엣(Lac Viet)국은 과연 무엇이란 말인가?'라는 의문이 생긴다. 고구려의 기원이 부여에 있다고 하니 어우비엣(Au Viet)은 부여가 되어야 하지 않을까? 부여에 대한 이야기 중에서 일부분을 보면 다음과 같다.

"부여는 삼국시대 한민족의 고대국가로 여겨지는 초기 국가 중 하나로써, 고구려와 백제는 부여로부터 기원한 국가로 추정된다."

고구려가 남월이니까 그 이전의 어우락 또는 어우비엣은 부여가 되어야 한다는 의미다. 여기서 어우락(Au Lac)은 어우비엣(Au Viet, 구월)과 낙비엣(Lac Viet, 낙월)이 통일된 국가다. 이들 국가에서 부여라는 용어가 발견될 수 있을까?

어우비엣
(Âu Việt, 甌越, 구월)

베트남의 오래전 고대국가는 구월(甌越)국으로 베트남 발음으로는 어우비엣(Âu Việt)이라고 한다. 여기에서 앞글자인 Âu(어우 또는 우)는 우리의 구란 발음에서 자음 'ㄱ'이 탈락한 경우이다. 구월(구예)이 부여로 변음된 것일까?

반랑, 어우비엣, 낙비엣, 어우락 등   베트남 발음의 명칭들.
문랑, 구월, 낙월, 구락 등   한자표기들.

너무 어려운 국가 이름들이다.
그러나 이것, 바로 이것이 부여의 소리다.

베트남, 남비엣, 어우비엣, 낙비엣.
Viet Nam, Nam Viet, Au Viet, Lac Viet

Viet! 이 Viet의 음이 비엣, 비에(ㅅ)으로 부여의 음인 것이다. 우리가 그토록 많이 사용하던 베트남이라는 국가명칭에서 Viet이 부여의 음을 지니고 있는 것이다. 이천 년이 지난 지금까지도 베트남에서는 부여의 음을 국가명칭으로 사용하고 있었다.

특정글자를 강조하기 위해서 강하게 발음해야 할 경우 원래의 음과 조금 다른 음으로 구현된다. 군대의 예를 들면, 경례를 할 때 일부 부대에서는 충성의 용어를 사용하는데, 위병들은 큰소리를 내야하기 때문에 충성이라는 발음과는 약간 다른 발음을 사용한다. 충성은 고음을 내기에는 한계가 있기 때문에 총성이라고 해야 아랫배부터 강한 힘이 나온다.

총~~ 성~~~!! 곤무 중~~ 이상~~ 무!!

그래서 꾸예를 크게 강하게 씨게 소리를 내면 뿌예! ㅋㅋㅋ

다 헛소리다! 부여국은 보이지 않는다.

구월(구예)의 이름에서는 다소 부여국이 연상되지 않는다. 그렇다고 구예(어우비엣)가 부여의 변음이라고 할 수는 없는 일이고, 그렇다면 고구려와 백제의 기원이라고 하는 부여는 과연 베트남의 어디에서 찾아볼 수가 있을까?

비엣(Viet)

남월(Nam Viet)은 베트남 발음으로 남비엣이다. 이들 국가명칭에 들어가 있는 Viet(비엣)이 부여를 가리키고 있는 부여에 대한 변음이다. 우리나라 초기 고대사에 나오는 부여의 명칭들을 보면 북부여, 동부여, 졸본부여, 낙씨부여 등이 나온다. 그중에서는 남부여는 존재하지 않았고, 수백 년이 지난 후에야 비로소 백제가 남부여의 이름을 사용했다.

초기 고대사에 남부여가 없었던 이유는 바로 남월(남비엣, 남부여)국의 다른 이름이 후에 추모왕에 의해서 고구려로 되었으니, 고구려의 이름만 사용되었지 남부여는 사용하지 않았던 것이다.

그러나 중국에서는 남월을 남예(Nanyue)라는 발음으로 지금도 사용하고 있고 남월의 다른 이름이 고구려인지는 전혀 언급하지 않고 있다. 그 남월이 베트남 발음으로는 남비엣이고, 우리 한국의 발음으로는 남부여인 것이다. 이 남부여가 우리의 역사에서는 소서노의 남편인 구태가 세웠다고 하는 졸본부여로서 전해져 왔지만 중국 사료에는 남월로 명기된 것이다.

조타(위타)가 건국한 남월(남비엣)국을 추모왕의 고구려가 계승했음에도 불구하고 중국에서는 이를 남예(Nanyue)라고 칭했고 후에 대무신왕 이후는 구려라고도 칭했기 때문에, 우리가 남월(남비엣, 남부여)국과 고구려를 서로 다른 나라로 생각하게 된 것이다.

앞에서도 나온 이야기인 고구려와 백제의 기원이 부여에 있다고 했는데, 백제는 후에 국가이름을 백제가 아닌 다른 이름으로 변경했다.

이름을 변경한 시기는 백제가 도읍을 사비(泗沘)로 옮긴 시기로, 백제의 새로운 국호(國號)를 남부여라고 했고, 이때에 바꾼 남부여라는 이름은 백제가 멸망할 때까지 국호로 사용했다. 그런데 왜 남부여의 이름을 백제가 사용했을까? 그 이유는 월(부여, 비엣)국 중에서 남부여(남월, 남비엣)국이 최종적으로 고구려와 백제의 모태라고 볼 수 있기 때문으로 보여 진다.

백월민족과 백의민족은 같다

백월(百越)민족은 현재 중국인과는 다른 민족으로서 독창적이고 샤머니즘적인 풍습과 화려한 문명을 지니고 있던 아주 오래된 고대에 살던 민족이라고 하는데, 지금 베트남과 태국, 라오스, 미얀마, 캄보디아 등의 국가들이 중국대륙에서 이주해 온 고대 백월민족의 후손들이 세운 국가들이다. 그들은 중국대륙에서 고대에 오랫동안 문화를 번성했다가 기원 후에 서서히 그들만의 문화를 영위하고 전쟁을 피해서 지금의 지역들로 이주해 왔다.

고대 시기에는 지금까지 본 여러 월(越)국들 – 서구, 남월, 민월, 동구, 동월, 장사국 등의 국가들이 백월(百越)민족의 국가들이었다. 지금까지 우리 한국은 베트남과 동일민족이고 남월과 고구려는 동일한 나라라고 증명되었다. 이로써 베트남의 기원이 백월민족이니 우리의 기원 또한 백월민족에 있다는 것이다. 발음상으로도 백월의 중국 발

음은 백예로 한국인을 칭하는 백의민족의 백의와 동일한 소리다. 이
제 베트남사람을 칭하는 백월민족은 같은 민족이 되어버렸으니 백예
민족과 백의민족은 동일한 민족이 된다.

백월민족

백월민족이란?

백월에 대한 정의를 살펴보면, 월족(越族)은 중국에서 오랜 역사를 가진 민족으로 그 분파가 많고 분포 지역도 매우 광대하여 백월(百越)이라 칭하게 되었다고 전해진다. 현재 중국 내에 존재하는 소수민족 중에서 강족, 장족, 태족, 리족, 수족, 무로족, 거라오족, 모수족, 부이족 등이 백월민족과 밀접한 민족이라고 전해지고 있다.

그러나 월족이 분파가 많고 분포지역이 광대해서 백월이라고 한다는 정의는 정확한 정의가 아니라고 생각된다. 지금까지 연구해온 바로는 백월의 의미는 현재 한국과 베트남의 고유 풍습에 그대로 녹아들어 있고, 고대부터 지금까지 그 의미를 잊지 않고 대대로 이어져 내려왔다. 가장 근접한 의견은 백월(百越)(백예, 백의, 백비엣)에서 월(越)은 우리에게 원래 친숙한 달(月, moon)이다. 우리는 태양과 달을 숭배했던 오래된 고(古)민족으로 우리의 풍습(정월 보름, 달맞이 등)에 그대로 백월의 의미가 전해져 내려와 지금까지도 잊지 않고 있었던 것이다.

우리 한민족의 기원이라고 하는 종족을 예(濊)족이라고 하는데, 여기서 예(濊)는 우리 발음으로 '예'의 소리를 낸다. 그러나 중국에서는 이 종족을 월(越)이라고 표기를 하고 그 소리는 '예'라고 발음을 한 것이다. 이 한자 '越'은 한국에서는 '월'의 소리라 지금까지 예(濊)족과 월(越)족이 같은 종족임을 눈치채지 못하고 있었다. 이 태양과 달을 숭배했던 고(古)민족인 예족(월족)의 최초역사의 시작은 아직까지는 그 깊이가 얼마나 되는지 전혀 알 수가 없으나, 달(月)을 숭배했었던 예(월)민족의 발자취는 다행스럽게도 조금이나마 찾아볼 수 있었다.

월(越)의 소리는 예(또는 의)

월(越)의 소리로는 다음과 같은 소리를 사용해야 한다.

백월	(X)
백예, 백의	(O)

한국의 고대 민족이나 국가에 대해서 알려면, 고대 서적에 기록되어 있는 월(越)의 음(音)을 월이라고 소리를 내면 안 된다. 월이라고 발음을 해왔기 때문에 지금까지도 우리 역사를 찾지 못하고 있었던 것이다. 백월(百越)은 '백예 또는 백의'라고 발음해야 하고, 그 민족의 왕은 '백예 왕 또는 백의왕'이라고 불려야 고대문헌에서 우리의 고대역

사가 눈에 들어오고, 우리 민족의 종묘사직의 그 이어짐을 알 수 있
게 된다.

이제 백예(백의)민족에 대한 기록 중에서 중국『사서』에 보이는 백의
(백예)계로 분류되는 민족을 보면 다음과 같다.

춘추 시기의 우예(于越, 우의),
전국 시기의 양예(揚越, 양의),
한대 연간의 구예(甌越), 민예(閩越), 남예(南越), 낙예(駱越),
삼국 시기의 산예(山越, 산의)

산예(山越)와 산신

이 민족 중에서 산예(산월)에 대해서 단군신화
일부분과 연관지어 보자. 산예(山越)는 한나라
시대 이후에 생겨난 이름으로 중국 문헌에 간
간이 보이다가 중국의 삼국시대 이후에는 완
전히 종적을 감춘 민족이다. 그런데 이 산예
가 우리의 단군신화에 나오는 특정단어와 그
이미지가 겹쳐진다. 우리 한국의 고대국가인
고구려의 초기 왕조가 남월왕국이었는데, 그
남월왕국이 무너진 시기는 기원전 110년경으
로 중국의 한(漢)나라(서한) 시기였다. 우리 단
군신화를 보면 단군께서는 장당경으로 옮겼
다가 뒤에 아사달에 돌아와 숨어서 산신이 되

었다고 하는데, 여기에 산신이라는 말이 나온다. 묘하게도 우리의 초기 고구려인 남월이 멸망한 시기가 한나라(서한) 시기이고, 산예라는 민족이 문헌에서 보이기 시작한 시기가 중국의 한나라 시기 이후라고 하니, 하나가 멸망하고 다른 하나가 새로이 발생된 것으로 보이는 부분으로 그 둘의 연관성이 매우 밀접해 보인다.

우리 민족은 예(또는 의)족으로 산예는 우리 백의민족을 일컫는 말이다. 그렇다면 산예와 산신, 그 둘은 같은 부류를 일컫는 것으로 단군의 후손 중 일부가 이동해서 산예민족을 형성한 것을 우리 전승에서는 산신이라고 말하고 있는 것으로 볼 수 있다. 이는 원래 존재해오던 단군의 나라가 큰 전쟁에 패함으로써, 그 백성들이 난을 피해 숨어서 산신이 되었다고 표현한 것이고, 그 이후에 산예라는 백월민족이 새로 생긴 것이다. 그 후예들이 후에 대리국 건국에 연관이 있었을 것이고, 중국대륙을 떠난 후예들은 태국, 라오스, 캄보디아 등으로 이주해서 지금의 국가들을 건국했던 것이다.

백의민족의 분포

낙랑공주의 전승을 토대로 우리 백의민족이 한반도에만 살고 있지 않다는 것을 알게 되었다. 그렇다면 백의민족의 다른 후예들은 어디로 떠나가서 지금은 어떻게 살고 있는 걸까?

남월은 고구려다

● 백의민족의 중국 내의 분포

백의(또는 백예)민족의 사람들은 그 거주 지역이 아시아를 넘어 매우 광범위하게 분포되어 살고 있는데, 중국 내에서는 주로 동부, 서부, 남부, 북서부 지역에 분포하고 있다. 구체적으로 말하면 지금의 사천, 운남, 티베트, 신장, 상해(上海), 절강(浙江), 강서(江西), 복건(福建), 대만(臺灣), 광동(廣東), 광서(廣西) 등의 지역에 분포하고 있다.

● 백의민족의 중국 이외의 분포

중국 이외의 지역으로는 우선 백의민족 한국과 베트남이 있고, 기원후에 이주했다고 하는 태국, 라오스, 미얀마, 캄보디아 등의 사람들도 백의민족의 후예들이다. 그러나 이 나라들은 백의민족의 사람들이 이주해서 자신들만의 국가를 형성하고 있는 경우이고, 좀 더 광범위하게 백의민족이 이동한 경로를 살펴보면 동아시아의 범주를 넘어 중앙아시아의 아주 먼 곳까지 이주해 갔다.

우예, 구예, 민예

● 우예(于越)

중국 문헌에서 백의(백월) 중에 가장 먼저 보이는 종족은 동주(東周) 춘추시기의 우예(于越)라고 하는데, 그들은 회계[會稽: 절강성 소흥(紹興)]를 중심으로 민족의 기반을 구축한 후, 구천이 예(越)나라를 건국하여 예왕(越王)이 되었다고 한다. 한자 越王을 월왕이라고 소리를 내

는 것은 틀린 발음법이고, 예왕(Yue Wang)이라
고 해야 맞는 발음이다. 여기서 예왕 구천은
백의민족의 한 갈래다.

춘추 말기에 예나라는 오(吳)나라와 잦은 전쟁을 치렀다. 기원전
492년에 예왕 구천은 와신상담(臥薪嘗膽)하면서 부국강병을 하여 오나
라를 멸망시켰다. 예나라가 오나라를 멸망시킨 후 여러 대에 걸쳐 전
성기를 누리다가, 중국 춘추전국시대(春秋戰國時代, 기원전 770년~220년)에
이르러 국력이 쇠퇴하기 시작하였다.

● 구예(甌越, 구의)와 민예(閩越, 민의)

예인들은 주로 절강 남부와 복건 북부 및 남부 해안의 섬 지역에
모여 살았다. 진한시기에 출현한 베트남의 구예(甌越)와 남월을 공격
한 민예(閩越)는 바로 백의민족의 한 갈래에서 파생되어 나온 것이다.
구예(甌越)는 베트남의 고대국가인 어우비엣(Au Viet)이고, 민예(민월)국
은 남예(남월)국을 공격했다가 멸망한 그 나라이다. 또한 구예(어우비엣)
국은 한국의 고대국가인 가야의 또 다른 이름인 구야(狗邪)국과도 동
일한 나라다.

**기원전 2세기경의
백월국가들**

● 민예(민월)국

기원전 202년 한나라 고조 유방은 자기를 도
와 초패왕 항우를 공격한 추무저를 민예(민월)
의 왕으로 삼고, 동야(東冶)를 도읍으로 삼아

민예국(閩越國)을 세우게 하였다. 민월 사람들의 거주 지역은 지금의 중국 남부 복건 민강(閩江, Min) 유역을 중심으로 하였는데, 민(Min)강은 민예(민월)로 인하여 붙여진 이름이라 전해지고 있다.

	동해(동구)국	남예(남월, 남비엣, 남부여)국
설립	기원전 192년	기원전 207년
왕	요(搖)	조타(趙佗)
도읍	동구(東甌) 지금의 절강성 온주시(溫州市)	번우

남예(남월, 남부여, 남비엣)국이 베트남의 고대국인 어우락(구락, Au Lac)이자 낙랑의 중국 이름인 예랑국을 복속한 국가이다. 또한 남예는 추모(주몽)왕이 건국한 고구려의 전신으로, 중국에서는 계속 남예(Nan Yue)라고만 기록해 왔다.

여기에서 관심을 끄는 또 하나의 중국 발음이 있다. 민예(민월)국의 도읍인 동야(東冶)에서 사용된 한자 冶의 한국 발음은 '야'이지만 중국 발음은 '예(yě)'이다. 즉 복건성에 있던 나라인 민예(민월)국의 도읍인 '동야(東冶)'의 중국 발음은 우리가 많이 듣던 바로 '동예'가 되는 것이다. 또한 여선이 세운 동월(東越)국에서 사용된 東越에 대한 중국 발음도 '동예'가 된다.

한국의
고대시기

Part 7

• • •

동예

지금까지 살펴본 바에 의하면, 다음과 같이 유추할 수 있다.

"베트남의 미쩌우공주와 쫑띠왕자의 설화와
한국의 낙랑공주와 호동왕자 설화의 기원이 동일하다."

"베트남의 고대국가인 남예(남월)국이
한국의 졸본부여와 추모(주몽)의 고구려와 동일한 국가다."

고대 전승의 유추과정에서 나온 결과는 고대역사 연구에 있어서 큰 성과라고 보여 진다. 또한 중국과 베트남의 백예(백월)민족과 우리 민족의 기원이라고 할 수 있는 백의민족이 동일한 민족이라는 결론은 그중에서 가장 큰 성과라고 할 수 있다. 이제 이 결과물들을 가지고 지금까지 우리 고대 역사에 존재하는 일부 의문점에 대해서 재해석을 시도해보자.

● **동예**(東濊)**에 대한 사전적 정의**[2]

"동예는 한반도 동해안 일대에 자리 잡았던 한민족의 초기 고대국
가의 하나이다. 예(濊)라고 불렸으나 넓은 의미의 예와 구별하기 위해
통상 동예라고 부른다. 삼국지 위지 동이전에 의하면 동예는 고구려
와 같은 족속으로 풍속과 언어가 고구려와 비슷했다고 한다.

동예는 처음 고조선에 복속되었다가 기원전 108년 고조선이 멸망
하면서 한사군의 하나인 임둔군(臨屯郡)에 편입되었으나, 임둔군은 곧
폐지되었고, 옥저와 동예의 7현은 새로 설치된 낙랑동부도위의 관할
아래 들어갔다. 동예의 일부는 고구려의 지배 아래 들어가고 다른
일부는 존속했었다. (중략) 4세기 초 고구려가 낙랑군과 대방(중국 남부
지역)군을 멸망시키자 동예의 일부(주로 북부)는 다시 고구려로 편입되었
고, 나머지 지역은 4세기 말에서 5세기 전반에 걸쳐 고구려 및 신라
에 의해 병합되었다.

고구려 광개토왕릉비문에는 고구려에 의해 정복된 동예읍락의 명
칭이 기록되어 있다. 5세기 전반 이후 동예는 결국 고구려와 신라의
지배하에 들어갔다."

동월(東越)**과
동야**(東冶)

남월왕국은 졸본부여 왕을 계승한 추모왕의
(고)구려다. 또한 월(越)족에서 월(越)의 중국
발음은 '예'의 소리로서 한국인의 기원이라고
하는 예(濊)족과 동일한 소리이자 동일한 민

---

2) 출처: 위키백과(Wikipedia)

족이다. 이렇게 재구성된 사실을 근거로 해서 기존의 역사를 다시 검토해보자.

　여선의 동월(東越)국의 중국 음은 동예
　민월의 도읍인 동야(東冶)의 중국 음도 동예

　중국의 『남월열전』을 보면 남월은 중국 남부 광동 부근에 있었다. 그 옆에는 민예(민월)국이 있었는데, 그 나라의 도읍은 동야(東冶)로 지금의 복건성 복주시다. 동야(東冶)란 지명에서 야(冶)의 중국 발음은 예(yè)이므로 동야(東冶)는 '동예'로 발음된다.

　민예(민월)국이 망하고 민예(민월)왕의 동생인 여선이 동월(東越)국을 세웠는데 동월(東越)의 중국 발음도 '동예'이다. 앞에서 본 남예(남월)국의 역사를 보면 남월국은 기원전 179년에 이웃해있는 국가인 민월과 야랑을 복속했다는 기록이 있다. 이 시기가 베트남판 낙랑공주와 호동왕자의 설화가 태동한 시기이고 동예를 도읍으로 한 민예(민월)국을 복속한 기록이 나와 있다.

　그렇다면 여선의 동월국과 민예(민월)의 도읍인 동야 중에서 어느 것이 한국의 동예와 가까울까? 국가의 영토규모 면에서 볼 경우에 한국의 고대기록에 등장하는 동예는, 그 일부가 고구려에 편입되었고 나머지는 다른 국가에 병합되었다고 나와 있으니, 작은 규모의 동예인 민예(민월)의 도읍인 동야를 가리키는 것이 아니라 큰 규모의 동예인 동월국을 일컫고 있을 가능성이 더 높겠다. 도읍 하나를 두 개 이상의 국가가 서로 분할해 가지는 않았을 것이기 때문이다.

신라도 중국에?

위의 동예에 대한 정의에서 또 다른 내용을 통해 보자. "옥저와 동예의 7현은 새로 설치된 낙랑동부도위의 관할 아래 들어갔다"고 했다. 또 다른 내용은 "동예의 일부는 고구려에 나머지 일부는 신라에 병합"되었다고 나온다.

동예의 일부는 고구려에 편입되었고 나머지는 신라에 병합되었다고 하니 신라도 중국 남부지역에 있었다는 이야기가 될 수 있다. 이렇게 되면 신라에 대한 이야기 중에서 모순적인 성격이 담겨진 또 다른 기록을 찾아봐야 될 것 같다. 그리고 그 대상은 남해차차웅에 대한 이야기가 될 것이다. 남해차차웅(南解次次雄)은 신라의 2대 왕으로, 박혁거세 왕과 알영부인의 적자이고 이름은 남해(南解)라고 한다. 19년 어느 날 한 농부가 북명(北溟)에서 예왕(濊王)의 인장을 발견해서 차차웅에게 갖다 바쳤다고 한다. 삼국지 동이전 부여 조를 보면 "그 나라 인장에는 예왕지인(濊王之印)이라고 한 글귀가 있다"라고 나온다. 그렇다면 이것은 신라에서 예(濊)나 부여가 가까운(이웃한) 곳이었음을 나타내는 것으로 이는 현재의 만주와 한반도에 머물러 있는 역사관으로는 이해가 불가능한 것이었다.

지금까지는 예왕(濊王)이라고 하면 특정종족으로서의 예맥(濊貊)에서의 예(濊)를 추상적으로 생각해 왔었지만, 이 책의 의견은 예(濊)는 월(越)과 같다고 말한다. 즉 예(濊)왕은 중국 서남부에 있었던 백예(百越)왕 또는 백의 왕을 뜻하는 것으로 봐야 한다. 백예(백의)왕이라고 하면 남예(남월)국, 민예(민월)국, 동예(동월)국, 장사국, 구천의 예국 또한 가야, 가락, 대가야 등의 왕들이 될 수 있겠다.

동예에 대한 정의에서 나온 또 다른 내용으로 "옥저와 동예의 7현은 새로 설치된 낙랑동부도위의 관할 아래 들어갔다"고 나와 있다. 옥저와 동예를 관할한 낙랑동부도위에 대해서 다시 생각해보자.

● 옥저와 동예의 7현의 위치는 중국 남동부

지금까지 우리는 고구려 옆에 있었던 낙랑(樂浪)은 한반도에 존재했었고, 남월(南越)국 옆에 있었던 야랑(夜郎)은 중국 남부에 있었던 것으로 알고 있었다. 하지만 낙랑과 예랑은 동일한 국가로 낙랑의 원래 위치는 한반도가 아니라 중국 남부다.

추모(주몽)왕이 건국한 고구려의 다른 명칭이 중국에서는 남예(남월)라고 칭하고, 고구려 옆에 있었던 낙랑은 중국 남부 남예(남월)국에 이웃한 예랑이다. 낙랑과 예랑은 동일한 국가로 예랑(낙랑)동부도위가 관할한 옥저와 동예의 7현은 중부 남동부를 일컫는 것이다. 예랑(낙랑)에 관한 유물들은 현재 중국의 남부에 박물관까지 조성되어 있다.

예랑국

예랑(夜郎)국이란?

낙랑(樂浪)과 동일한 국가라고 하는 야랑(夜郎)국에 대해서 알아보자. 한국 사서에는 낙랑에 대한 기록이 거의 없는데, 다행스럽게도 낙랑과 예랑이 동일한 국가이기 때문에 중국에서 알고 있는 예랑에 대한 기록을 보면 그게 곧 낙랑에 대한 역사를 보는 것이 된다. 또한 지금부터는 야랑(夜郎)을 예랑(Yelang)이라는 중국 音의 표준 명칭으로 표현한다.

예랑국은 중국을 비하하는 용어인 '장께(牂柯, Zangke)'란 명칭을 사용하게 된 원조 장께로, 그 나라는 기원전 3세기경 귀주성 서쪽에 존재했었는데, 지금의 중국 명칭인 China는 그 당시의 예랑국을 지칭하는 지나(Zina)에 그 기원을 두고 있다. 아이러니하게도 그 당시의 예랑은 현재의 중국인이 아닌 백의(백월)민족으로 구성된 국가로 차이나(China)라는 이름의 원래 주인이 백의민족인 것이다.

예랑과 남예(남월)은 둘 다 백의(백월)민족으로 구성되어 있고, 두 국가는 친밀한 동맹 관계를 유지해 왔었다고 한다. 그러나 중국 기록을 보면 한나라(서한)가 기원전 135년에 예랑(夜郎)국에 건위군을 설치한 내용이 있다. 이는 오래전부터 동맹관계인 예랑국과 남예(남월, 남비엣, 남부여)국에 외교관계에 있어서 모종의 문제가 생기게 된 것으로 더 이상의 동맹관계를 유지하기 힘들었을 것이다. 그래서 후에 한나라가 남예(남월)국을 침략할 때 예랑이 한나라군에 협조를 하게 된다. 그 당시 예랑(낙랑)에 한나라의 군 교두보인 건위군이 어떻게 설치되었는지 그 배경을 중국 기록을 통해서 확인해 보자.

건원(建元) 6년인 기원전 135년 한나라 당몽이라는 사람이 한나라 조정에 예랑국과 왕래가 가능한 길을 만들어야 한다고 건의했다. 이에 한나라 조정은 이를 승낙했다. 당몽은 군사 천여 명을 무장하여 예랑으로 들어가 예랑후(夜郎侯) 다동(多同)을 접견하고, 한나라의 군현을 예랑국에 설치하겠다고 말했다. 이에 응하지 않으면 한나라가 직접 쳐들어와서 왕을 끌어내리겠다고 협박을 했고, 다른 한편으로는 한나라의 요구사항인 군현의 설치에 응하면 예랑후의 자식들이 계속해서 통치할 수 있도록 하겠다고 회유를 했다.

예랑후는 어쩔 수 없이 그의 말을 따를 수밖에 없었고, 결국에는 예랑의 영토에 한나라의 건위군(犍爲郡)이 설치되었다. 이때부터 한나라는 남월을 공격할 수 있는 군대를 예랑국에 상주 배치함으로써 남월을 견제하고 공격할 수 있는 전초기지를 확보하게 된 것이다. 후에 (기원전 111년) 한나라가 남월을 침략할 때에는 실제로 예랑에서도 군사를 차출했다.

호동왕자가 그토록 사랑한 낙랑공주의 나라인 낙랑의 사람들은 어떤 사람일까? 그동안 많은 궁금증이 있었지만, 우리에게는 낙랑에 대한 아무런 기록도 없었다.

예랑(夜郞)국을 형성하고 있는 민족구성원 중에서 가장 주요한 민족은 두개의 민족으로 알려졌는데, 그 두 민족을 거라오(Gelao, 仡佬)족과 부예(Bouyei)족이라고 한다. 지금은 중국 내에서 소수민족으로 분류되는 거라오(Gelao)족은 귀주(Gui zhou)지역의 원래 토박이로 그들의 조상은 요(Liao, 僚)족이라고 하는데, 이 거라오족이 예랑(夜郞)국에서 가장 규모가 큰 국가 구성원이었다고 한다. 거라오족의 조상인 요(Liao)족의 중심거주지역이 귀주지역 부근이고, 귀주를 중심으로 보면 요동은 중국 남부의 동쪽이다. 예랑을 구성하고 있는 또 다른 주요 민족이 있는데, 그 민족도 거라오족과 마찬가지로 지금은 중국에서 소수민족으로 분류되고 있는 민족으로 부예(Bouyei)족이라고 한다. 부예족의 부예(Bouyei 또는 부의 Buyi)가 우리가 말하는 부여이고, 거라오족의 거라오(Gelao)가 우리의 겨레란 명칭과 동일한 것이다.

근거가 어디에 있느냐고? 물으시겠지만, 이것은 따질 필요도 없는 것 같다. 이천 년이 지나갔음에도 불구하고 변음이 거의 발생하지 않았다. 라오(lao, liao, Rau, 僚)라는 명칭은 원래 '려, 례, 리, 라의 변음'이기 때문에 거라오는 거례와 동의어다. 이 거라오족 사람들은 현재 베트남에도 거주하고 있는데, 베트남에서는 겨라오(Cờ Lao)족이라고 발음한다. 즉, 중국의 거라오(Gelao)족과 베트남의 겨라오족은 한국의 겨레와 같은 민족인 것으로, 예랑(낙랑)국의 구성원이자 지금 한국이 사용하는 민족의 기원인 겨레에 해당되는 명칭이다.

예랑의 나희(傩戏)와
한국의 나희(儺戱)

● 예랑국의 나희문화

예랑국은 나희(傩戏)문화라고 하는 아주 오래
된 종교와 예술이 결합된 문화의 원산지이다.
그 기원은 고대 중국의 상나라까지 거슬러 올
라가는데 질병과 악귀를 쫓아주고 행운을 기
원하는 종교적 의식의 일종이다. 지금은 오페
라의 하나로 Nou(또는 Nuo) 오페라(Opera)라고도
하는데 우리나라의 나희(儺戱)의식과 아주 유
사하다.

● 우리나라의 나희

우리나라의 나희(儺戱)에 대한 사전적 의미는 다음과 같다.

"음력 섣달그믐날 밤에 민가와 궁중에서 마귀와 사신(邪神)을 쫓기
위하여 치르던 의식을 이르던 것으로, 가면을 쓴 사람들이 창과 방
패를 들고 주문을 외면서 귀신을 쫓는 동작을 한다."

● 명칭과 의식이 동일하다

전통의식을 행함에 있어서 우리나라 고대부터 행하던 전통의식과
중국 남부에 위치하면서 우리와 교류가 없었던 예랑국에서 행하던
전통의식의 명칭과 그 내용이 동일하다. 우리나라 사서에 예랑(야랑)

국은 나오지도 않는다. 그런데 그들과 똑같은 전통의식이 오랜 세월 두 국가에 존재해 온 것이다.

기원전 26년경 사라진 예랑국?

현재 중국 내 소수민족인 위(Yi)족 (특히 부의족)과 거라오(Gelao)족이 예랑국의 후손으로 알려졌는데, 한나라와 누가 더 크냐고 호언장담하던 그 국가 예랑(Yelang)국이 기원전 26년경에 중국에서 홀연히 사라져버렸다. 통째로 국가의 모든 백성이 사라진 것이다.

그 국가가 사라진 이유에 대해서는 아직까지 알려진 것이 없고, 어디로 갔는지에 대한 기록도 전무하다. 이 당시에 사라진 곳, 또는 이주한 곳이 한반도와 관련이 있는지에 대한 조사도 필요할 것이다. 북한에서 발견된 낙랑유물에 대한 진위와 그 기원을 연구하는 데 있어서 열쇠가 될 수 있기 때문이다.

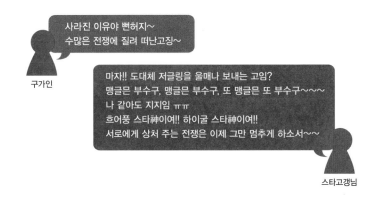

구가인: 사라진 이유야 뻔허지~
수많은 전쟁에 질려 떠난고징~

스타고갱님: 마자!! 도대체 저글링을 울매나 보내는 고임?
맹글은 부수구, 맹글은 부수구, 또 맹글은 또 부수구~~~
나 같아도 지지임 ㅠㅠ
흐어풍 스타神이여!! 하이굴 스타神이여!!
서로에게 상처 주는 전쟁은 이제 그만 멈추게 하소서~~

영남은 한국에도 있고 중국에도 존재한다. 한국에서의 영남은 부산, 대구, 울산, 경상도 등의 한반도 동남부지역을 가리키는 명칭이고, 중국에서의 영남은 오령(五嶺)산맥의 아래에 위치했던 남예(남월)국이 있었던 지역을 가리킨다. 이렇게 영남은 한국과 중국에서 특정 지역을 가리키는 단어로 사용되고 있다.

후한서 동이전을 보면 영동이라는 명칭도 나오는데 우리나라에서 영동은 강원도의 태백산맥 동쪽 지방을 가리키는 말이다. 그렇다면 후한서 동이전에 나오는 낙랑이 관할한 영동지역은 과연 어느 지역을 가리키는 명칭일까? 한반도의 강원도인가 아니면 중국의 남동부인가? 이 책에서 새롭게 정의된 역사관을 가지고 후한서 동이전에 나오는 영동(領東)의 위치를 유추해보자.

● 한국의 낙랑[후한서 권85 동이전, 예(동예)]

소제(昭帝) 시원(始元) 5년(기원전 82년)에 이르러 임둔, 진번을 파해서 낙랑에 병합시키고 현도는 다시 구려로 옮겼다. 단단대령(單單大領) 동쪽으로부터 옥저, 예(濊), 맥(貊)은 모두 낙랑에 속하게 했다. 그 뒤 (낙랑의) 관할구역이 광대하고 멀었으므로 다시 영동(領東) 7현을 떼어내어 낙랑 동부도위를 설치했다.

후한서 동이전에 보면 영동 7현을 떼어내어 낙랑동부도위를 설치했다고 되어있다. 지금까지 추적해온 새로운 역사관으로 다시 해석을 해보자.

예랑은 남예(남월)에 이웃해 있었고, 남예(남월)이 있는 곳의 위치가 영남 광둥 지역이라고 2장에서 이야기했다. 그렇다면 낙랑은 예랑의 다른 명칭이니, 영동 7현을 떼어내 낙랑 동부도위를 설치한 곳은 중국 남부로 예랑동부도위로 재해석된다. 즉 영동은 바로 중국의 남동 지역을 지칭하는 것이지 한반도의 강원도 지역이 아닌 것이다.

가 야

고구려가 남월(남부여, 남비엣)과 같은 국가로 중국에 있었고, 신라 또한 중국에 있었다는 결론이 나왔다. 그렇다면 다른 고대국가인 가야(가라), 가락 등 다른 나라는 어디에 있었고 그들의 다른 명칭은 무엇이었을까?

고대의 흔적
– 가락, 가야(구야)

낙랑과 예랑은 동일한 국가라고 했는데, 베트남에서의 낙비엣(낙예, 낙월)은 한국의 낙랑의 음과 가깝고, 또한 한국의 낙랑은 고구려에 병합된 낙랑공주 설화가 존재한다. 또한 어우비엣과 낙비엣으로 이루어진 어우락국에도 남예(남월)에 병합된 동일한 전승이 있다.

두 국가 남예(남월)국과 고구려는 같은 국가로 이 나라에 병합된 국가는 낙랑과 낙예(낙비엣, 낙씨부여)국이다. 또한 조타의 서문에 나오는 락나국과 낙예(낙비엣) 등은 한국 낙랑국의 전승에서 병합 및 피병합의 위치가 모두 동일하고 그 명칭의 소리가 같으므로 이들은 모두 동일한 국가로 보아야 할 것이다.

즉 '한국의 낙랑 = 베트남의 낙비엣 = 중국의 예랑'이 된다.

● 예랑의 고대 능이 있는 지역 – 가락(可樂)

낙비엣이 낙랑이라면 베트남의 또 다른 고대국가인 어우비엣은 무엇일까? 앞에서 본 바와 같이 어우비엣(구예, 구월)이 낙비엣(낙예, 낙랑)과 합쳐져서 어우락(구락)이 건국된 것이고, 이 통일된 어우락(구락)의 명칭이 한국의 고대국가인 가락과 음이 비슷하다고 했다. 그렇다면 남예(고구려)이나 예랑(낙랑)국처럼 이 가락이라는 명칭이 중국에 남아 있을까?

만약에 가락이라는 명칭이 중국에 남아 있다면, 지금까지 거론된 남예(고구려)나 예랑(낙랑)국과 어떤 방식이라도 그 가락과 연결고리가 존재해줘야 어우락(구락)이 가락이라고 유추가 가능할 것이다. 그 연결고리인 가락이라는 지명을 찾아서 중국을 자세히 뒤져보기로 하겠다.

오랫동안 중국의 지도를 살펴보던 어느 날, 내 앞에 덩그렇게 놓여 있는 오래된 신문에서 조그마한 사진이 눈에 들어왔다. 그 사진을 가까이 보니 사진 밑에 조그마하게 쓰여 있는 글자가 보였다.

夜郎.

야랑(夜郎)은 예랑(낙랑)인데……. 신문을 펼쳐보니 아주 흥미로운 유적 발굴 현장이 눈에 들어왔다. 지금까지 우리가 연구한 예랑에 대한 기사가 내 눈앞에 펼쳐진 것으로 고대 예랑왕국의 무덤발굴현장에 대한 기사내용이 적혀져 있었던 것이다. 그 내용은 2001년도에 중국 서남부의 귀주성 혁장(赫章)현에서 고대 예랑국 무덤이 108개나 발굴됐다는 것으로 예랑왕국의 무덤에서 발굴된 유물이나 매장방식 등에 대한 기사다.

그런데 수많은 예랑왕국의 무덤들이 존재하는 이곳의 지명이 참으로 눈물겹다. 이 예랑국의 무덤이 많이 발굴되고 있는 곳의 지명이 바로 가락(可樂)향으로 우리가 찾으려고 했던 그 명칭이다. 가뜩이나 그 가락이라는 지역에 예랑(낙랑)국의 고묘가 많이 존재한다는 것으로 가락도 중국의 귀주성 지역에 존재했었고 예랑(낙랑)과도 연관성이 존재하고 있는 것이다.

그렇다면, 우리의 가락은 무엇이 있을까? 우리가 알고 있는 가락은 한국의 고대국가 중 하나의 명칭이고, 또 하나의 가락은 지역 명칭으로 서울 송파구 가락동이다.

가야(可樂)국이란?

● **가락국과 구야국의 사전적 정의**[3]

금관가야(또는 본가야)는 신라에게 멸망하기 전의 이름이 가락국(駕洛國)으로서 가야 연맹의 주요국이었는데, 1세기~4세기 말까지 맹주

---

3) 출처: 위키백과(Wikipedia)

자리에 있었다가 이후 반파국과 안라국에 그 자리를 물려주었다.

금관가야의 이름이 처음 사서에 전하는 이름은 구야국(狗邪國)이라는 명칭이었고, 이후에는 가야, 가락, 가라, 가량 등 여러 가지로 전해졌다. 나중에 후기 가야연맹을 이끌게 되는 반파국에서 새로운 연맹체의 이름을 대가야라고 했다. 김해지역의 母가야인 구야국은 가락국(駕洛國)으로도 전해졌다.

● 베트남의 고대국과 한국의 고대국 연결

앞에서 낙비엣(낙예, 낙월)이 낙랑이라고 했는데, 그렇다면 베트남의 또 하나의 고대국가인 어우비엣(구월)은 한국의 어떤 고대국가와 가까운지 확인해보자.

어우비엣(구월)의 중국 음은 구예의 소리이고, 가야의 다른 명칭인 구야(狗邪)의 중국 음도 구예이다. 두 국가의 중국 발음이 똑같이 구예인 것이다. 또한 베트남의 구월과 낙월이 통일되면서 만들어진 국가가 어우락(구락)인데, 이 구락 또한 가락의 소리와 같다.

한국의 가락국에 대한 설명은 신라에게 멸망 전의 국명이 단순히 가락국(駕洛國)이라고 했지만, 베트남의 기록을 보면 구월(가야, 구야)국과 낙예(낙월)국이 통일되어 구락(Au Lac, 가락)국이 세워진 것으로 전해지고 있는 것으로, 이는 베트남의 기록이 구락(가락)이라는 명칭에 대한 기원을 더 정확하게 이야기해주고 있는 것이다.

또한 구예(어우비엣)와 낙예(낙비엣)이 합쳐진 나라가 어우락(Au Lac)이지만, 이것은 간추린 명칭이고 본래의 단어는 두국가의 명칭이 합쳐진

'어우비엣 낙비엣'으로 한자표기로는 '구월낙월'이다. 이 '구월낙월'의 본래의 음도 중국 音을 차입한 것으로 생각하면 중국 音은 '오예뤄예'이지만 여기서 낙월은 조타의 서신에 들어있는 국가인 락나와도 동일한 국가라고 했고 이 국가는 한국의 낙랑이라고도 했다.

그렇다면 락나의 중국 音이 라라(또는 뤄뤄)이니 '구월낙월'의 발음은 '오예라라'가 된다. 또한 신채호의 '조선 상고사'에서는 '나라는 옛말의 라라이다'라고 하니 '오예라라'는 '오예나라'가 되어 현재 우리가 사용하고 있는 '우리나라'라는 단어와 아주 가깝게 된다. 만일 이 어원이 맞으면 우리나라라는 단어의 기원은 구월과 낙월이 통일되었을 때 나온 것이 된다.

지금까지 본 자료를 토대로 해서 두 나라의 고대국가들을 연결해 보자. 베트남의 고대국가와 한국의 고대국가를 서로 연결할 경우에 가장 최적의 조합은 다음과 같다.

베트남의 어우비엣(구월)은 한국의 구야(가야, 가라)
베트남의 낙비엣(낙월)은 한국의 낙랑
베트남의 어우락(구락)은 한국의 가락과 연결된다.

위에서 본 고대 예랑국의 무덤들이 있는 곳의 지명이 가락이라고 했다. 어우락(구월, 가야)국과 낙비엣(낙월, 낙랑)이 통일되어서 어우락(구락, 가락)이 된 것이니, 가락국 내에 있는 예랑(낙랑)의 고대무덤들이 조성된 지역을 가리켜서 가락국의 조상들이 잠들어 있는 곳이라고 하여 가락이라는 지역명이 나온 것이 아닌가 하는 생각이 든다.

그렇다면 베트남의 고대국가인 어우비엣이 가야(가라)이고 어우락국이 가락국이면, 이들 국가 주변에 고대의 다른 국가인 대가야나 소가야에 대한 흔적도 존재할까? 중국의 북서부지역에 그들의 흔적이 존재한다. 그러나 이것은 9장에서 자세히 보도록 한다. 고구려의 추모(주몽)왕과 유리왕자, 대무신왕에 대해서 검증이 되었으니 다소 유추의 범위가 넓을지라도 대소 왕과 유화부인을 거론하지 않을 수 없다.

장사국

중국 내 다른 왕들의 능들은 대부분 도굴된 상태로 발굴되었지만, 남예(남월)국 제2대 왕이자 고구려의 건국자이신 추모(주몽)왕의 능은 도굴되지 않은 상태로 발굴되었고, 놀랍게도 그의 어머니 유화부인으로 추정되는 능도 훼손되지 않고 원형 그대로 발굴되었다. 새삼 백의민족에 대한 신의 보살핌이 느껴지는 듯하다.

남예(고구려)와 천하를 놓고 싸운 대소의 부여국은 중국의 고대 여러 나라 중에서 백예(백월)의 나라인 장사국일 가능성이 제일 높다.

**백월의 나라,
장사국 왕
오예**(吳芮)

고조 유방을 도와 진나라와 초패왕 항우를 무찌르고 한나라를 건국하는데 일등 공신을 세운 오예(吳芮)는 형산왕(衡山王)으로 있었는데, 후에 한나라의 전략으로 장사(長沙, Changsha)왕으로 봉해져 백월민족의 국가를 형성했다. 장

사국 오예(吳芮) 왕은 한나라가 제후왕들을 제
거하고 자신의 왕자들과 인척들에게 그 제후
자리를 차지하게 했었던, 제후왕들의 몰락시
기에도 유방과 성은 다르지만 유일하게 살아
남은 백예(百越) 왕이었다. 일부 학자들은 장사
왕 오예가 전국시기 오왕 부차의 후손이라는
주장도 하고 있다.

진나라 말기에 오예(吳芮) 왕은 나쁜 정치를 없애고 백성들을 위한
정책들을 시행해서 백예(百越) 백성들에게 존경과 사랑을 받아왔다.
그런 인자한 장사국 오예 왕은 장사, 예장, 상군, 계림, 남해 등 5군
을 다스렸는데, 이들 5군 중 일부 군은 남예(南越, 고구려)국이 통치하
는 군(君)들과 겹치는 지역들로, 남예국과 분쟁이 자주 발생했던 원인
이 되는 것이다. 백예 민족으로 형성된 장사국의 영역은 한나라에게
는 남쪽에 위치한 제후국들의 관문 역할을 했다고 하였으니, 아마 남
부에 있는 남예(고구려), 민예(민월) 등의 나라들과 한나라와의 중간위치
였을 것이다. 즉 남월이 남부여이고 장사국이 그 위에 있는 북부여인
것이다.

장사국과 남예(고구려)가 자주 전쟁을 일으킨 이유는 서로 국경을 마
주 보고 있었고, 더욱이 이 두 나라의 분쟁지역을 한나라와 사이가
더 좋았고 좀 더 우호적이었던 장사국의 영역으로 인정함으로써 결
국 독립적인 국가였었던 남예(고구려)와의 갈등이 계속해서 발생되었던
것이다.

장사국 대후(大侯)

한나라 고조 유방시기에는 각 제후들은 자신들의 나라 안에서는 세금징수 및 중·하위급 관리들에 대한 임명을 자신들이 직접 했고, 한나라 조정에서는 승상만 파견해서 제후국들을 간접 통치하는 방식을 이용했다고 한다.

장사국도 이러한 간접적인 방식으로 한나라의 간섭을 받았는데, 기원전 201년에 장사국 승상으로 부임한 이창(利倉)이라는 자가 그러한 통치방식으로 한나라에서 파견된 사람이다. 성이 이(利)씨인 걸로 봐서는 그는 한족이 아닌 다른 이(夷)족으로 한나라에서 교육을 받고 파견된 사람일 가능성이 높다. 그가 장사국의 승상으로 부임해서 기원전 193년에 장사국 대후(大侯)라는 직위로 봉해졌다. 대후로 봉해진 지 7년 후인 기원전 186년에 사망했는데, 사망할 당시에 대후 이창(利倉)에게는 이희라는 15살 난 아들이 하나 있었다.

이희는 나이가 어림에도 불구하고 많은 학식을 쌓았고, 무예도 출중해서 장사국의 군사 지도자로서 보병 및 기마부대 등 장사국의 군사를 총지휘하는 위치까지 승승장구해서 올라갔다. 한나라에서 파견된 아버지를 일찍 여의어 장사국 안에서 자신을 돌봐줄 배경이 없음에도 불구하고, 그의 장사국 내의 위치는 왕의 바로 다음인 아버지가 가졌던 대후(大侯)의 위치까지 올라갔다. 자신을 뒤를 봐줄 든든한 아버지도 없는 상태에서 그 정도의 위치까지 올라갔다는 것은, 아마 어린나이인 이희의 뒤에 누군가 강력한 후원자가 있었던 것으로 추정된다. 이들 대후(大侯) 부자(이창과 그의 아들 이희)와 그의 가족으로 보이는 무덤이 중국 장사(長沙)에서 1972년에 발견되어 3년 동안 발굴되었는데, 이 무덤들의 이름이 바로 그 유명한 마왕퇴라고 하는 고대유적지이다. 마왕퇴(馬王堆, Mawangdui)의 고대 유적지에서 발굴된 묘 중에 하나가 지금 이야기했던 대후 이희의 무덤으로 그 무덤에서 나온 유물 중에서는 그 당시의 고구려(남예)와의 치열한 교전을 보여주기라도 하듯이 남쪽의 월나라(남예)국과의 인접지역에 대한 상세한 군사지도들이 나왔다. 그 지도의 정밀도는 상당한 높은 수준인 것으로 알려졌다.

마왕퇴의 신추부인

마왕퇴(馬王堆)는 중국 장사에서 발굴된 서한시대 장사국의 3개의 묘를 일컫는데, 이 3개의 묘를 각각 '1호 묘, 2호 묘, 3호 묘'라고 부른다. 1호 묘에서 발굴된 묘의 주인공은 50대 중년 부인이다. 그녀의 묘가 만들어진 지 이천 년이 지났음에도 불구하고 묘가 발굴될 당시에 그녀의 시신은 부패가 전혀 진행되지 않았고 완벽하게 보존되어있는 상태였다.

그녀의 피부 자체는 전혀 부패되지 않았고 생전의 피부를 그대로 유지해서 탄력성까지 잃지 않았는데, 실제 그녀의 피부를 손으로 살짝 누르면 다시 원래대로 피부가 제자리로 돌아올 정도로 그 탄력성이 유지되고 있었다. 중국 학계에서조차 그렇게 보전처리가 잘된 미라는 처음 보는 일로 놀라움을 금치 못했고, 그로 인해서 마왕퇴의 묘는 세계적으로도 유명세를 탔었다.

그녀가 바로 장사국 대후 이창의 아내라고 하는 신추부인으로 마왕퇴(馬王堆) 1호 묘의 주인이다. 또한 마왕퇴의 무덤 중에서 3호 묘의 주인은 장사국 대후 이창과 신추부인 사이에서 난 아들이라고 하는 2대 대후 이희의 묘라고 한다. 이 묘에서 출토된 병기, 군사지도 등으로 보아 2대 대후 이희는 장사국의 군사 지휘관이자 귀족으로서 장사국 최고의 위치에 있었던 것으로 추정하고 있다.

고구려와 자주 분쟁을 일으킨 대소의 부여가 왜 장사국으로 추론되는지, 장사국에서의 금와왕과 대소 왕의 흔적들을 찾아보기로 하겠다.

**후대가 없는
장사국왕과 대후왕**

장사국의 오씨 성을 가진 마지막 왕 오저(吳著) 왕은 기원전 178년에 왕으로 등극해서 기원전 157년에 후대가 없이 서거했다. 장사국의 대후(大侯)였던 이희가 기원전 186년 그의 아버지인 이창이 죽을 당시에 15살이었으니, 장사국 왕이 죽은 기원전 157년에는 대후 이희의 나이는 44살로 의젓한 중년 남성이 된 것이다.

사료를 보면 장사국의 마지막 백예(백월)왕인 오저(吳著) 왕의 뒤를 이어 왕으로 등극한 사람은 한나라 황제의 아들이다. 유발(劉發)은 한나라의 경제(景帝) 유계(劉啟) 왕의 7남(7번째 왕자)으로 장사국 오저(吳著) 왕의 빈자리를 치고 들어와 기원전 154년(또는 155년)에 장사 왕에 올랐다. 마지막 장사 왕인 오저(吳著)가 서거한 뒤 2~3년 후에 왕에 올랐으니 그동안은 대후였던 이희가 장사국을 직접 섭정하게 되었고, 백성들은 대후였던 이희를 왕이라고 칭하게 되어 그를 대후(大侯)왕이라고 불렀다.

그러나 한나라의 7번째 왕자인 유발(劉發)이 장사국의 왕으로 왔기 때문에 그는 다시 대후(大侯)의 자리로 복귀했지만, 그가 장사국 오저(吳著) 왕과 함께 오랫동안 나라를 통치해왔고 군을 총지휘하고 있었으니, 주변 월(越)국들과의 군사충돌 및 외교 관계는 그의 영향권에 있었고, 백예의 백성들은 새로이 장사 왕에 등극한 한나라의 7번째 왕자가 아닌 백성들과 오랫동안 친숙한 대후왕을 더 따랐다.

지금까지 남예(고구려)와 자주 전쟁을 치른 장사국에 대해서 알아보았는데, 몇 개의 여운이 남는 이상한 기록이 눈에 띄인다.

"후대가 없는 왕, 7명의 왕자, 대후왕……."

부여 왕 해부루와 추모(주몽)

간단한 사료를 통해서 장사국 역사의 일부를 이해하게 됐지만, 이러한 장사국의 역사가 대소 왕의 부여와 추모(주몽)의 고구려 설화와 어떻게 연관되는지를 언급하고자 한다.

● 부여의 지문

부여의 왕인 해부루는 아들이 없었는데, 하늘에 제사를 올려 아들을 낳기를 기원하였다. 어느 날 곤연(鯤淵) 부근에서 큰 바위를 보고 말이 눈물을 흘리는 것을 보고 바위를 치웠더니 금빛이 나는 개구리 모양의 어린아이가 있어 그 아이를 아들로 삼고 금와(金蛙)라고 이름 지었다.

● 고구려의 지문

추모(주몽)의 이야기에서는 7명의 왕자에 대한 이야기가 나온다. 주몽은 총명하고 활을 잘 쏘아 촉망받던 중 대소(帶素)왕자 등 7명의 왕자가 그를 죽이려 했다. 그러자 주몽의 안위를 걱정하는 어머니의 권고로 마리(摩離), 오이(烏伊), 협보(陝父) 등과 함께 화를 피해 남쪽으로 도망갔다고 한다.

우리의 부여에 대한 기록 중에서 눈에 띄는 것은 부여 왕인 해부루왕에게 후대가 없었다는 것이고 왕은 후예가 없이 지내던 중 큰 바위를 보고 말이 눈물을 흘리는 것을 보고 금와(金蛙)를 얻어 그를 후계자로 삼았다고 한다. 또한 추모(주몽)은 7명의 왕자와의 분쟁을 피해 남쪽으로 도망갔다고 하고 그 7명의 왕자에 대소도 포함되었다고 한다.

그렇다면 부여와 고구려에 남겨진 지문에서 장사국의 지문을 어떻게 연결될 수 있다는 것인가? 이제 그 두 나라를 연결시켜 보겠다. 아마 두 나라, 장사국과 대소 왕의 북부여에 대한 연결은 이천 년 만에 처음으로 시도되는 무모한 작업으로 보여 질수도 있을 것이다.

Linking

남예(남월)국의 또 다른 명칭이 고구려인데, 고구려와 자주 분쟁을 일으킨 부여에 대한 자료는 너무 부족해서 그 나라를 찾기가 힘들었다. 그러나 우리가 말하는 대소의 부여는 남예(남월)국과 인접하고 분쟁도 많았던 장사국일 가능성이 가장 높다고 이야기했었다.

베트남의 고대국가인 구월(甌越, 구예)의 베트남 발음은 어우비엣(Au Viet)이고 중국 발음은 오예라고 했다. 그런데 장사국의 초대 왕을 보면 이상한 점이 보인다. 장사국 백예 왕의 이름이 바로 오예다. 이 오예란 이름은 구월의 중국 音과 동일하니, 우리는 여기서 오예 왕이 장사국에 오기 전 과거에 구월(구예)국과 관련이 있는 인물(읍락의 장)이었거나, 장사국 자체가 구월과 관련이 있는 국가였었다고 추측을 해볼 수 있겠다. 오예 왕은 장사에 오기 전에는 형산국의 왕으로 있었다. 아란불의 천도와의 개연성도 존재하고 있다.

그렇다면 부여와 고구려에 남아있는 일련의 이야기를 장사국의 사건과 대비시켜 추론해본다.

우리의 부여에서는 부여 왕인 해부루왕에게 후대가 없었고 왕이 후예가 없이 지내던 중 큰 바위를 보고 말이 눈물을 흘리고 거기서 금와(金蛙)를 얻어 그를 후계자로 삼았다는 것이 맥이다.

이 부분에서 장사국의 대후왕 이희를 추론해 보자. 오씨 장사국의 마지막 왕인 오저(吳著)는 후대가 없었다. 그런 그가 장사국의 승상이었던 대후 이창의 죽음을 맞아 혼자가 된 이창의 어린 아들 이희가 초상을 치르는 것을 보게 된 것이고, 아버지를 잃은 어린 나이의 이희를 딱하게 여겨 자신이 돌봐주게 되었다.

그 이휘가 커감에 따라 인물됨에 있어서 손색이 없는 것을 본 장사왕은 자신의 아들로 거두어 자신의 뒤를 이을 왕자로 키운 것이다. 자신이 죽기 전에 오저(吳著) 왕은 이희를 대후에 임명해서 장사국을 다스리도록 했다. 오저(吳著) 왕이 서거한 후 장사국은 일말의 동요나 반대도 없이 이희가 대후로서 왕의 자리에 등극했지만, 한나라에서 그의 등극을 반대하고 황제의 7번째 왕자를 장사국 왕으로 임명하게 되었다. 이에 대후왕 이희는 한나라의 7번째 왕자가 오면서 자신 장사국왕의 자리를 내어주게 된 것이다. 당연히 장사국왕으로 있던 이희는 다시 대후의 자리로 원복 되었을 것이고, 그가 죽은 후에 그의 아들 또는 다른 이가 대후가 되었을 것이다.

추모(주몽)에 대한 지문을 보면 대소와 7명의 왕자에 대한 이야기가 전해지는데, 이는 추모(주몽) 또한 장사국에 머물다가 대후 이희와 한나라의 7번째 왕자와의 세력 싸움에 밀려 남예(남월)국으로 그의 수하와 함께 넘어가 남예(남월)국 조타 왕의 후대를 이은 것으로 여겨진다.

고구려와 부여의 전쟁에서도 부여의 대소가 죽은 기록이 있다. 서기, 대무신왕이 부여의 남쪽을 침공하여 진흙 수렁 근처에 진을 치자, 대소 왕은 고구려군이 준비할 틈을 주지 않고 기습을 했다. 그러나 대소 왕의 말이 수렁에 빠져 고구려의 괴유(怪由)에게 참수되어 전사하였다. 대소가 전사한 이후에도 부여군은 용감히 싸워 고구려군을 포위 공격하여 크게 승리하였다. 대소 왕이 죽었는데도 불구하고 부여의 병사는 흔들림이 없이 계속 전투에 임해 고구려군을 크게 무찌른 것은 장사국의 왕은 대소가 아니라 따로 있었고 대소 또한 이름이 아니라 직위라서 계속 후임이 있었기 때문에 가능한 일이라고 보여 진다. 대후(大侯)의 중국 발음은 '다호(우)'의 소리로 대소의 발음과 유사하다.

유화부인과 신추부인

장사국이 대소 왕의 부여국이라고 한다면, 추모(주몽)왕의 어머니이신 유화부인이 머무르신 곳이 바로 장사국으로 그녀의 흔적이 어디인가에 남아있을 수도 있다.

◉ 대소 왕의 부여

추모(주몽)왕과 대소 왕은 천하를 호령한 동시대의 인물들이다. 추모왕의 어머니인 유화부인이 기원전 24년 가을 음력 8월에 임종했다. 금와왕은 유화부인을 태후의 의례로써 정성껏 장사지내고 신묘를 세워주었다. 유화부인 임종 5년 후에는 부여의 금와왕이 붕어하고 대소가 왕위에 올랐다. 이 부분을 보면 유화부인의 죽음과 금와왕의 서거 시기는 5년 차이가 난다.

◉ 장사국

장사에서 발견된 마왕퇴 1호 묘의 주인인 신추(辛追)부인은 기원전 2세기경에 조성된 묘라고 추정하고 있는데, 3호 묘의 주인인 이희의 묘도 그 비슷한 시기(기원전 168년경)에 조성됐다고 한다. 정확한 시기가 아닐지라도 이 사건과 장사국왕이 서거한 시기를 계산해 보자.

오씨 성을 가진 마지막 왕인 장사국 왕인 오저(吳著) 왕은 기원전 178년에 왕으로 등극해서 기원전 157년에 후대가 없이 서거했다고 했다. 그렇다면 마왕퇴의 신추부인의 묘가 조성된 시기가 기원전 2세기경(대략 기원전 168년경)이라고 하는데 이는 기원전 157년에 죽은 마지막 왕과 거의 비슷하다는 것이다. 부여에 계시던 유화부인이 돌아가시고, 그 얼마 후에 금와왕이 붕어했는데, 이는 장사국의 비슷한 사건인 신묘부인의 죽음이 장사국왕의 서거보다 몇 년 앞서는 것으로 보이기 때문에 동일한 사건으로 비유될 수 있다.

또한 마왕퇴 1호 묘의 주인인 신추부인의 시신을 부검했을 당시에 그녀의 위에서 참외 씨가 나왔다고 한다. 여기서 참외를 먹었다는 것은 신추부인이 여름에서 초가을 경에 서거했을 가능성이 높은 것으로, 이것은 고구려 건국자 추모(주몽)왕의 어머니이신 유화부인이 돌아가신 음력 8월과 같은 계절에 돌아가신 것이다.

그렇다면 부여에 계시던 유화부인이 돌아가신 시기는 기원전 24년이고 장사국의 신추부인은 기원전 160년경이라고 했는데, 고구려와 남예(남월)은 동일한 국가로 우리의 유화부인이 돌아가신 시기도 조정을 받을 수밖에 없게 된다. 시기상으로 고구려 건국이 백 년에서 이백 년 정도 조정된다고 한다면 유화부인의 서거 시기도 기원전 24년이 아닌, 기원전 124년에서 224년으로 빨라지게 되므로 장사국 신추부인의 묘가 조성된 시기인 160년 부근의 시대가 되는 것이다. 이른 시간 내에 남예(남월)국과 고구려, 마왕퇴에서 출토된 장사국의 신추부인에 대한 학술조사가 조속히 이루어져 우리 백의민족의 실체가 하나씩 이 세상에 나타나길 기대해 본다.

소수민족들

Part 8

이 장에서는 중국 내에서 우리 민족의 고대국가인 부여와 관련된 것으로 보이는 부의족과 겨레와 음이 같은 거라오족 등 우리 민족의 기원과 관련 있어 보이는 몇 개의 소수민족들에 대해서 알아보자.

부의족

한　글 : 부의(布依)

로　마 : Bouyei, Puyi, Buyei, Buyi, Burao, Puman

베트남 : Bố Y (보이 또는 보의)

한자	한국 발음	중국 발음
布依	부의	부이
濮越	복월	부예(푸예)
濮夷	복이	부이
补笼	보롱	부롱
布那	보나(보내, 포내)	부나
布土	보토	부투
布都	보도	보도
布央	보앙	부양

현재 부의민족은 중국 및 베트남에 살고 있는 소수민족으로, 중국에서는 그들을 장(Zhuang)족으로 분류한다. 이 소수민족들은 현재 중국 내 귀주, 운남, 사천 등의 지역에 주로 거주하고 있다. 부의족은 다양한 한자로 표시(지칭)하고 있는데, 이들을 일컫는 다양한 한자 표기들은 위의 표와 같다.

● 夷(이), 依(의), 越(예) 등은 서로 음이 전환된 것

부의족은 진한 시기에 '부예' 또는 '부의'로 불렸고 이들을 호칭하는 한자는 여러 가지가 있는데, 부의(布依), 부예(濮越, 布越), 부이(濮夷, 布夷) 등에서 사용되는 夷(이), 依(의), 越(예) 등은 서로 음이 전환된 것으로 동일한 민족 또는 부족을 지칭한다. 이 부족은 고대 예랑(낙랑)국의 주요 구성원 중에의 하나였다.

● 백월(百越), 백예, 백의(百依) 등은 동일어

백월(百越 백예, 白月 백예, 百依 백의)도 동일하게 음이 전환된 것으로서, 백월은 현재 한국의 백의민족뿐만 아니라 베트남 등 고대에는 같은 민족이었지만, 지금은 서로 다른 국가를 이루고 있는 아주 오랜 민족을 지칭하는 것이다.

부의족은 귀주 지방의 토종 타이족(태족)으로서 중국 내에서 가장 오래된 민족 중의 하나로, 2천 년 이상 그 지역에서 거주해 왔다. 부의는 고대 백월(百越)족의 후예라고 알려졌는데, 기원전의 낙월과 요족으로서 둔군(Dunjun)족으로도 불리는데 이 둔군은 우리의 단군과도 음이 유사하다.

부의족의 주식은 쌀이고 우리와 비슷하게 막걸리도 만들어 먹는다. 고대 백월민족의 한 계통인 부의족이 만든 고대국가 중 하나가 기원전의 예랑(夜浪, 낙랑)국이다. 예랑이 있던 귀주는 고대부터 거주가 시작된 지역 중에서 하나로, 상나라 시기에는 귀주를 Guifan이라 불렀다. 귀주는 중국 내 소수민족인 부의족(Bouyei), 장족(Zhuang) 등이 거주했었고 후에 위족(Yi), 나씨족(Naxi), 토가(Tujia) 등이 서쪽에서 귀주에 이동해오고, 북동쪽에서는 묘족(Miao)이 이주해왔다고 한다.

• • •

거라오족

한　글 : 흘노(仡佬. 葛僚)족

로　마 : Gelao, Gelo, Klau

베 트 남 : Cờ Lao(겨라오)

　仡佬(흘노)의 중국 발음은 거라오이다. 이들은 중국 남부와 베트남 북부에 거주하는 소수민족으로 베트남에서는 Cờ lao(겨라오)로 발음하고 한국에서는 겨레라는 소리로 사용된다. 중국 내에서도 가장 오래된 소수민족 중 하나로 원래는 사천성과 산시성 사이의 지역에서 거주하다가 기원전 5세기경에 귀주성으로 이주해왔다고 한다.

　거라오의 뜻은 '사람'이라는 뜻과 '대나무'란 뜻이 있다. 거라오족은 귀주지방의 토착민인데 이들의 조상은 요(Liao)족으로서, 부의족과 마찬가지로 고대 예랑(夜郎, Yelang)국의 주요 구성원이었다.

　종교는 기본적으로는 조상숭배 및 자연숭배 의식을 가지고 있지만, 그들은 땅과 동물의 영혼까지도 숭배한다. 이 부족은 1년에 두 번 정월을 맞이하는데, 최대의 명절인 춘절이 있고, 또 하나는 음력 3월 3일에 위수(喂樹)라고 하는 행사를 지내는데, 이는 오래된 나무 신(神)에 대한 숭배의식을 행하는 행사이다. 그들은 고대부터 대대로 농사를 짓고 살아왔기 때문에, 소에 대해 애착이 상당히 강한 편이라 가축을 매우 소중하게 돌보는데, 음력 10월 1일에는 동물들을 위한 생일파티도 열어준다.

거라오족은 성품이 곧고 진실한 편이며, 예절을 중요시하고 손님에 대한 대접이 극진하다. 또한 노인을 공경하는 습성이 있어 좋은 음식은 노인들에게 먼저 드리고, 젊은이들은 모두 노인들을 대신하여 무거운 짐을 지워주는 풍토가 있다. 이러한 거라오족의 경로사상은 그들의 전통적인 미덕으로 노인의 회갑인 만 60세에 자녀, 친척, 이웃이 모두 와서 노인의 장수를 빌고 개를 잡아서 연회도 베풀어준다. 노인이 병이 났을 때는 의사를 불러와서 약을 지어 주고 진심으로 간호하며 회복 후에는 가족들이 거실에 모여 춤도 추고 회복을 축하해 준다. 또한 마을에 중요한 일이나 혼인, 장례 등이 있을 때에는 제일 먼저 연장자에게 알린다.

또한 거라오족은 손님 접대를 좋아해서 손님이 오면 모든 가족이 일어나 손님을 맞는다. 만약 손님이 대화 중인데 그 앞으로 지나갈 일이 있다면 반드시 먼저 "미안합니다만 잠시 지나가겠습니다."라고 말한 후 지나간다. 이 점은 우리와 아주 비슷한 것 같다.

구천대복사록

(九天大濮史錄,
Jiutian Dapu Shilu)

귀주성에서 아주 오래된 거라오족의 책이 발견됐다. 이 책을 구천서(九天書)라고 하는데, 이 책은 주로 거라오족의 역사와 문화를 담고 있다고 한다. 고대에 이들은 중국 남서부에서 큰 종족을 이루고 살았었는데, 계속된 전쟁과 굶주림을 벗어나기 위해 많은 사람들이 고향을 등지고 다른 곳으로 이주했다.

그 와중에 거라오족의 문화와 역사는 대부분 잃어버렸고, 그들의 오랜 역사는 사람들의 기억 속에서도 잊혀져버렸다. 모든 것이 사라진 와중에 그들에 대한 기록을 담은 구천서는 거라오족의 잃어버린 역사에 대한 아주 중요한 책으로 여겨지고 있다.

구천이라는 단어에 주목할 필요가 있다. 우리의 고대국가 (고)구려, 구야, 구월, 구예 등에 사용된 구라는 글자가 겨레족에서 구천서(九天書)라고 하여 구자가 사용된 것이다. 구천(九天)의 중국 음은 Gu + Tian(구티엔)이고, 뜻은 "하늘의 가장 높은 곳"의 의미도 가지고 있는 아주 중요한 발음이다. 구티엔의 변음이 구씨엔에서 구셴, 쿠샨 등이 된 것으로 보인다.

리 족

한　글 : 려(黎)족

로　마 : Li, Hlai

　리(黎)족의 한국 발음은 '려'이고 중국 발음으로는 '리'인데, 주로 중국 남부 해안지역이나 하이난 섬에 거주하고 있다. 평상시에는 리족 자신들을 사이[싸이 Sai(Say)]라고도 호칭하는데, 수나라 시기에는 릴리오(리니오, Liliao)라고 알려졌었다.

　음의 전환으로 볼 때, 부의(布依), 부예(濮越, 布越), 부이(濮夷, 布夷)등에서 사용되는 夷(이), 依(의), 越(예) 등은 서로 음이 전환된 것이다. 즉, 이 = 의 = 예 = 리 = 려 = 료(liao) = 라 또는 라오(lao) = 요 등은 결국 모두 같은 민족을 표현할 때 사용된 것으로 백의민족이란 단어에서 '의'가 전환된 것이다. 백의에서 의는 우리가 발음하기에도 약간 어려운데, 이 발음은 백의민족이 시공간적으로 확장(이주)하면서 변경된 것이라고 보인다.

리족은 고대 중국과 베트남에 있는 고대 낙월족의 후손으로 수천 년 전에 하이난 섬에 정착했다. 리족의 전통악기로는 구소(口簫)라고 하는 악기가 있는데 그 이름이 利拉罗(리라오, 니나노)라고 한다. 장족(壯族, Zhuang) 또한 당ー송 대에는 리랴오(俚僚)라고 불리었다. 우리 노래 가사에도 있는 소리다.

니나노~~ 닐리리야 닐리리야 니나노~~ ♬♪

하이난 섬의 리족과 낯익은 단어

하이난 섬의 리족은 고대 월(예)족의 후손으로 중국본토인 광동, 광서에서 진나라(기원전) 시기에 전란을 피해 이주한 사람들인데, 주로 베트남의 고대국인 낙비엣(Lac Viet, 낙월) 사람들이다.

이들은 머리를 둘둘 뒤로 말아 올려 머리핀으로 고정시키는 풍습이 있고 쌀을 주식으로 하는데, 이 부족의 특징은 여러 친족들이 함께 살면서 농사도 같이 짓고 산다. 하이난 섬 중앙에 위치한 지역에서는 아직도 공동으로 집단 농사를 짓는 리족들이 살고 있는데, 이 공동 농사는 여러 친족단위 형태로 이루어져 있다. 리족들이 이렇게 공동생활을 하면서 사는 것을 부르는 명칭이 있는데 아주 친숙하다.

리족이 그렇게 자신들의 방식인 공동적으로 농사짓는 것을 가리켜서 해무스(Hemus)라고 한다. 여기서 우리 역사서에 나오는 "천제(天帝)의 아들을 지칭하는 해모수(解慕漱)"란 단어와 동일한 음이다. [모(慕)의 중국 발음은 '무'이다.] 리족의 해무스라는 단어가 농사짓는 것을 가리키는 지, 그들의 전통 부락을 가리키는지는 좀 더 연구가 필요해 보인다.

여기에 친숙한 단어가 하나 더 있는데, KOM이라고 불리는 부락 단위의 경계선이다. 이 KOM이라고 하는 것은 각기 부락의 KOM이 라는 엄격한 영토 경계선을 지칭하는데, 커다란 단위의 KOM은 여러 개의 작은 KOM들로 이루어지고, 이 작은 KOM들은 최소 두 개의 마을 부락에 의해서 경계가 나눠진다. KOM들 사이에서 발생되는 대 부분의 말싸움이나 충돌은 사냥이나 농사 또는 고기잡이할 때에 그 경계인 KOM을 침범하면서 발생이 되곤 한다.

이 발음은 내가 잘 알구 있징...
우리가 알고 잇는 KOM 이라는 단어는 초딩 때 땅따먹기 할 때
긋는 선(line)을 '금'이라고 했지라~~
또 하나!! 책상을 짝꿍이랑 같이 사용할 때 니영역 내영역 구분할때
책상 한가운데에 긋는 선 또한 '금'이라고 했징~~
근데 요거이랑 음과 뜻이 똑 같넹~~
이것은 순수한 우리말인고 아닌감?
흠~~~ 안 순수한 우리말인감?

이간지

이 족

한　　글 : 이(夷, 彝)족

로　　마 : Yi, lo lo

한국 상고사: 동이(東夷)족

　소수민족인 夷(彝, 이, Yi)족은 중국, 베트남 및 태국에서 살고 있는데, 중국에서는 이들을 장(Zhuang)족으로 분류한다. 중국 내에서는 귀주, 운남, 사천, 광서 지방에 주로 거주하고 있고, 베트남에서는 하강, 조방, 라오카이 등 주로 베트남 북부에 거주하고 있다. Yi(이)족은 Nisu, Sani, Axi, Lolo 등의 사람들을 말하며, 이들은 단일민족으로 분류되고 있다. 주요 그룹으로는 NI족과 Lolo족이 있다. Nuosu, Nasu, Nisu로 불리는데 그 어원은 Nip(ᵈ) + su이다. 여기서 −su는 사람을 뜻한다. 夷와 彝(이)족의 어원이 바로 Ni다.

　lo 는 Lolo족의 방언으로 호랑이를 뜻하는데 호랑이를 숭배하는 Yi(이)족과 관련이 있고, Lolo는 중국 한자 차용으로는 LuoLuo에 해당되는 猓猓(과과), 倮倮(라라, 나나, 루루), 罗罗(라라, 루루)로 표현된다. 猓는 오랑캐에 대한 호칭으로 개새끼, 개 같은 사람, 개족속을 뜻한다.

로로(라라)와 동일한 중국 음을 가진 국가명이 있다고 했는데, 바로 남월왕 조타가 지칭한 국가 명에서 나왔었다.

육가가 남월에 도착 후 조타가 쓴 서장의 내용이다.

"그중 동월과 민월에서는
천 명의 군장에 불과한 자도 왕이라고 칭하고
서구(西甌)나 락나(駱裸)국까지도
역시 왕호를 칭하고 있다."

락나(駱裸)라는 국가명이 나온다. 베트남의 고대국가인 나비엣(낙월, 낙예)을 락나로 지칭한 것이다. 중국 음으로 락나는 luoluǒ이다. 뤄뤄, 루루, 나나, 라라 모두 같은 소리다. 즉 Lolo는 낙라(駱裸, 낙월, 낙랑, 예랑) 사람들을 뜻한다.

조주(潮州)인

조주(Teochew)인을 호칭할 때는 조산(潮汕, chaoshan)인 또는 당인(唐人, Tangren)이라고 부른다. 조주인들이 주로 거주하는 지역명을 조주(潮州)라고 하는데, 조주(潮州, Teochew 또는 Chaozhou)는 중국 남부인 광둥성 동부 한강(韓江) 하류에 있는 도시이다.

그런데 이상한 점이 보인다. 조주에 흐르는 강의 이름을 보면 우리 민족을 뜻하는 한(韓)이라는 이름을 가지고 있다. 한강(韓江)이다. 서울에 있는 한강의 한자는 한(漢)으로 한강(漢江)이라고 쓴다. 두 강의 명칭에 사용된 한자 표기가 이해가 되지 않는다.

중국은 오령(五嶺)산맥의 북쪽 사람을 북방인이라고 하고, 이남에 있는 영남인 광둥과 광서 아래로 거주하는 사람을 남방인이라고 한다. 지금은 교통수단이 발달되었지만 그 옛날 오령산맥은 전쟁을 하기 위해서 대량의 군수물자의 이동을 제한하는 천혜의 장벽이었기 때문에, 그 오령산맥 위아래로 나라가 구분되었다.

오랑캐의 『지하궁전』이라는 책이 있는데, 오랑캐의 궁전은 바로 영남사람들의 고대국가인 남월왕국의 능을 말하는 것이다. 오령산맥을 경계로 남쪽과 북쪽에 거주하는 사람들은 확연하게 언어와 풍습이 달라서 서로 대화가 불가능했다고 한다. 남방인의 문화는 고대 오월(吳越)문화와 파촉(巴蜀)문화가 그들의 뿌리라고 하는데, 그들은 착실하고 계획성 있게 일도 하고 근면하기도 해서 일반적으로 평이 좋다고 한다.

이 조주인들이 있는 지역이 광둥성으로 고대에는 월(越)국이 있었고, 지금은 중국의 공산화 이후 가장 먼저 개방해서 무역이 활발하여 지금의 거대한 차이나를 이루는 시초가 되었다고 한다. 중국의 주석 시진핑의 아버지인 시중쉰(習仲勳)은 1979년 광둥성 서기 재직시 국가 경제특구 개발 아이디어를 내놓고 4개 특구 건설을 면밀하게 주도했던, 중국 개방의 상징적인 인물이다. 시중쉰은 광둥성에서 태어나진 않았지만 고생 끝에 열악한 주변 환경을 극복하는 융화의 원리를 터득한 이후, 현재 강대한 중국 경제건설을 주도한 인물이고, 현재 그의 아들은 중국 국가 주석인 시진핑이다.

광둥 사람들의 언어는 월어, 객가어, 민어 등 크게 세 가지로 나눌 수 있는데, 그 중 월어의 인구가 가장 많고 지리적 범위도 넓다. 월어를 사용하는 사람들의 주요 생활지역은 주강(珠江) 삼각주 주변 지역이다. 객가어를 사용하는 객가인들은 호남, 광둥, 광서, 복건, 사천 및 지금의 대만(Taiwan)을 포함해서 대륙 남부에 거주하고 있다. 조주(潮州)사람들의 언어는 민어인데 그들은 고대의 민월(복건성)의 피를 받은 사람들이다.

즉 고대에 월(越)민족 후손 중의 한 계파이다. 조주(潮州)는 로마자로는 Chao zhou로 표기하지만 중국내에서의 일반적인 표현으로는 Teochew로 표기한다. 조주인들의 주요 거주지는 중국 남부 광둥성이지만 태국 캄보디아 베트남 등에서도 살고 있다.

자기 자신을 당랑이라고 부르는데 당랑은 만다린에서는 당인(唐人, 만다린 Tangren)이라고 한다. 당인의 의미는 문자 그대로 당나라 사람이라는 뜻이다. 여기서 당나라는 신라와 손잡고 백제와 고구려를 멸한 당나라가 아니고, 기원전 중국 고대 성인인 요(堯, Yao-기원전 24세기경 전설적인 제왕)가 세웠다는 신화 속에서만 존재하고 있고 그 실체가 알려지지 않은 나라이다. 이 당인들과 구분되는 사람들이 바로, 지금 중국에서 대다수 인구를 차지한다고 하는 한인(漢人)이다. 즉 조주 사람들은 전통적인 한(漢)인과 구분되는 고대 요(堯)나라 때 당인들이다.

조주사람이 자기들 민족을 가리킬 경우에 사용하는 일반적 용어로는 조주사람 이라기보다는 조산(潮汕)인(조산사람)이라고 한다. 역사적으로 조산인들은 흐라오(Helao, Fulao)라고 불리었는데, 고대 비문(갑골문자)에 기록되어 있는 정보에 의하면, 그들은 푸젠 성에 있는 천주(泉州)와 보전(莆田)지역에서 조주인 전체가 통째로 이전했다고 한다. 그들을 광둥인들은 Hoklo라고 하는데 '푸젠 성 사람들'이란 뜻이다. 위에서 보듯이 조주사람을 일컬어 당인이라고도 하고 조산사람이라고도 한다.

조산(潮汕, Chaoshan)을 지도에서 검색해보면 다음과 같이 결과가 나온다.

Chaoshan, Zhejiang, China

Chaoshan, Guangdong, China

Chaoshan, Fujian, China

즉, 조산(潮汕, Chaoshan)은 중국 남부의 여러 곳(Zhejiang 성, Guangdong 성, Fujian 성)을 두루 지칭한다.

나시(納西)족과 모수(摩梭)족

나시(Nashi), 낙씨(Nakhi), 나(Na)족

나씨에 대한 중국의 한자 표현은 납서(納西)로 중국 발음으로 나씨이다. 납서(納西, ⓒ나씨)족의 주요 거주지로는 중국 윈난(Yunnan) 성 려강(麗江) 나시(納西)족 자치 현에 집중적으로 거주하고 있고, 또 다른 거주지로는 쓰촨성과 티베트에도 있다. 나시족은 오랜 역사를 가지는 민족 중의 하나인데, 그들은 남쪽으로 이주한 고대 강(羌, ⓒ치앙)족의 일파라고 한다.

나씨족은 나씨(Nashi, Nahi)로 발음하지만, 낙씨(Nakhi, Naqxi)로도 발음을 한다. 나씨(Nashi)의 어원은 나(Na)이다. 또한 Na의 어원은 Nip이라고 한다. '낙'이라는 발음은 베트남의 낙월(낙비엣, 낙예)와 한국의 고대 국가인 낙랑국에서도 낙이란 음이 사용되었다.

낙씨 역사의 기원에 대해서 직접 들어보면, 처음은 기원이 동일했으나, 후에 선조가 "세 종족으로 나누어졌다"고 말한다.

첫 번째 종족은 지금 이야기한 나씨(낙씨)족이고, 두 번째는 대리(대리석으로 유명)지역에 거주하고 있는 Bai족, 마지막으로는 Lugu 호수에 사는 모수(摩梭, Mosuo)족이다.

Mosuo(모수)라는 이름은 많이 들어봤다. 바로 (고)구려 추모왕의 아버지라고 불리는 해모수(解慕漱)에서 성(姓)인 '해' 자를 뺀 나머지 단어가 모수이다.

그들은 낙월(낙예)민족의 일부가 중국 남부 하이난 섬으로 이주해서 터전을 잡았고, 그 낙월민족이 공동으로 일하는 것을 지칭하는 단어를 해모수라고 했으니, 나씨(낙씨)족의 분파인 모수족과 낙월인들의 해모수라는 단어와의 연관성은 상당히 높은 것 같다.

모수(Mosuo, 摩梭)족

모수족은 윈난성과 쓰촨성의 경계에 있는 호수인 루구(Lugu) 호에 살고 있는 소수민족으로 그들은 고대로부터 모계사회의 전통을 이어왔는데, 자기 자신들을 일컬어 Na(나)라고 부른다. 또한 이들은 포도주를 담가 먹는데, 이 술의 이름을 수리마(sulima)라고 한다.

모계사회의 전통상 집안에서 가장 파워가 센 사람은 어머니로서 여자 가장을 Ah mi(아미, 어미)라고 부른다. 이 부족의 가장 큰 특징은 고대부터 결혼을 하지 않고 마음에 드는 상대가 있으면 남자가 여자의 집으로 찾아와 부부관계를 맺은 후 아침이면 홀연히 돌아간다고 한다.

아이를 낳아 어머니가 혼자서 아이들을 키우는데, 아이는 아버지가 누구인지 모른다. 아마 아버지를 모르는 아이들은 자신들의 아버지를 신적인 존재로 표현할 수 있었으리라 생각된다. 즉 자기는 빛을 받아 태어난 존재라고 말이다.

백의민족

백의민족

대월지국과
구자국

Part 9

대월지국과 구자(구차)국은 백의민족인 한국과 베트남의 기원을 찾는 데 중요
한 위치에 있다. 대월지국과 구자국은 우리의 대가야와 소가야에 해당되는 나
라로 그 위치가 중국 북서 지역이고 천산과 타림분지, 파미르고원 및 우리나라
일부 성씨의 기원이 되는 셀렝가 강 등이 그 주변에 있다.

마한과 월

    우리나라의 고대국가인 마한(馬韓)에 대한 이야기와 부여의 행정구역 구분명칭인 사가(四加)에 대한 사료부터 먼저 이해하고, 이들을 바탕으로 대가야와 소가야에 대해 살펴보자.

마한의 월지(月支)와
부여의 四加

삼국시대 초기 삼한(三韓) 중 하나인 마한(馬韓)은 동쪽으로는 진한(辰韓)에 접하고 남쪽으로는 변한(弁韓)에 접해 있었다. 월지(月支)국이라는 나라는 기원전 2세기 초에 기자조선의 준왕(準王)이 위만을 피해서 그의 백성과 함께 다른 곳으로 이주해서 세운 나라이고, 이 월지(목지)국의 왕은 마한의 우두머리라고 한다.

    고조선의 마지막 왕이라고 하는 준왕(準王)의 시호는 무강왕(武康王)이라고 하는데, 준왕의 재위 시기는 기원전 3세기 후반에서 기원전

194년경으로 이 시기는 남월의 조타가 건국한 시기이다. 위만을 피해 다른 곳으로 이동한 준왕이 마한의 왕을 쳐부수고 한왕이 되어 삼한을 지배했다고 기록되어 있다.

또한 부여(夫餘)에서는 넷으로 나눈 행정구역을 사가(四加)라고 하는데 사가(四加)의 명칭은 다음과 같다. 구가(狗加), 마가(馬加), 우가(牛加, ⓒ누가), 저가(猪加, ⓒ주가)라고 한다. 여기에서 가(加)란 연맹체를 이룬 중심세력의 족장(또는 왕)이나 그의 부족(백성)을 가리키는 것으로 보인다.

월(月)씨족

중국의 고대 백월민족 국가들인 남월국과 구월(구예)국이 우리 자신(고구려, 가야)이기 때문에, 그들을 총칭하는 백월은 한국의 백의가 된다고 했다.

즉 "백월(百越)민족의 중국 音은 백예(baiyue)민족이고 우리의 백의(白衣)민족과 같은 민족이다."라고 정의가 내려졌다. 그런데 월(越)의 발음과 동일한 月(월)의 이름을 가진 국가가 하나있다. 월(越)과 월(月)의 한국 음은 '월'이고, 마찬가지로 중국 音도 둘이 소리가 같은 '예(yue)'이다. 중국 음으로는 같은 월(예)의 민족을 표현할 때, 서로 다른 한자를 사용해서 그 둘을 구분 지은 것이다. 중국 남부에 있었던 나라들은 월(越)이라는 한자로 표현한 것이고, 중국 북서부에 있는 나라는 월(月)이라는 한자로 표기한 것이다.

중국 북서부에 있었던 나라 중에서 월지(月支)국이 있었는데, 이 국가이름에서 월(月)의 의미는 달(moon)을 뜻하는 것이고, 지(支)는 씨(氏)의 변음으로 종족(clan)을 뜻하는 것이다. 고대 중국에서는 디(지(支)) 또는 씨(氏)는 주로 서쪽에 사는 오랑캐를 가리킬 때 사용되었던 명칭이었다. 지금부터 대월지(大月支)의 뿌리인 월지(月支)민족을 중국과 그리스 역사에서 주로 사용하는 공통발음인 예씨(Yuezhi)라고 부르겠다. 즉 대월지는 대예씨라고 발음한다.

예씨[月氏(支)]민족

　　지금까지 베트남의 어우비엣(구월, 구예)은 한국의 가야(구야)이고, 낙비엣(낙월, 낙예)은 낙랑, 어우락(구락)은 가락의 이름이라고 이야기했다. 월(越)의 중국 발음은 예(yue)로 남월은 남예 또는 남비엣(남부여)의 발음이고 남월의 또 다른 이름이 고구려라고 했다. 우리와 베트남은 고대에 동일한 민족이고 우리 한국의 고대국가들이 중국 남부와 서부에 위치해 있었던 것으로 밝혀졌다. 그러나 우리나라 고대국가의 대륙존재설은 아직 국제적으로 학술조사가 이루어지지 않은 것으로 아마 많은 비평이 따를 것이고, 만일 이것이 사실이라면 한국의 또 다른 고대국가인 대가야, 소가야 등의 국가들도 그 주변(중국 서부, 남부)에 존재해야 하는데, 지금까지 그들에 대한 연구도 함께 진행되어 왔기 때문에 여기서 그 일부분을 공개하고자 한다.

　　오랜 연구 끝에 한국의 고대 가야연맹 중에서 대가야와 소가야의 이름을 가진 고대국가들을 찾기 위한 가장 중요한 열쇠가 바로 대예씨민족이라는 것을 알게 되었다. 중국 북서 지역에 거주했었던 대예씨를 조사해서 그들이 과연 누구이고, 그 나라의 또 다른 이름이 무엇이었는지를 살펴보자.

남산과 중국 북서지역

한국의 수도 서울에 있는 산 중에서 가장 유명한 산이 남산인데 중국에도 똑같은 이름인 남산이 있다. 이 산은 중국 북서쪽에 있는 차이다무 분지(柴達木盆地)와 깐수(Gansu) 성 북서쪽에 위치하고 있다. 남산의 다른 명칭은 치렌(祁连, Qilian) 산으로 바로 이 지역이 예씨(Yuezhi, 월지)민족의 기원이 되는 곳이라고 알려져 있다. 치렌(Qilian)은 흉노의 말로 그 의미는 하늘(sky, 天)을 뜻한다.

이 남산(치렌 산) 주변에는 우리가 많이 들어본 둔황과 타림, 타클라(탁라, 탁리)마칸 사막이 위치하고 있다. 중국 남부지역에 있는 월(越)족의 중국 발음도 '예'이고, 중국 북서지역에 있는 대월지국의 월(月)족도 '예'의 발음으로, 越과 月은 중국 발음으로는 동일한 발음으로 한자 표기만 다를 뿐이다. 이것은 같은 종족을 한자표기만 달리해서 지역적으로 구분해 놓은 것이다. 중국 남부에 있었던 예(越)족 중의 하나인 남예(남월)국이 한국의 고대국가인 고구려라고 했는데, 그렇다면 중국 북서에 있는 다른 예(月)의 나라인 대예씨국에게 또 다른 이름이 있었을까? 또 다른 이름이 있다면 그 이름은 무엇일까?

● 카라코룸(Karakorum)과 오르혼 강

몽골제국의 수도였던 카라코룸은 세계 유산 중의 하나인 오르혼 계곡 문명이 발굴된 곳의 북쪽 지역에 있다. 이 지역에서는 몽골제국과 관련된 고고학 유물들이 꽤 발견되고 있는데, 고고학에 의하면 몽골제국시대보다 훨씬 이전인 기원전에도 이 일대에서는 오르혼 강물을 이용한 고대금속문화가 존재했었다고 한다.

이 지역에서 발굴된 유적 중에서 특이한 것이 있는데, 한국의 온돌과 비슷한 구조의 난방 구조를 가진 가옥으로 그 이름은 강(Kang, bed-stove)이라고 한다. 또한 구리, 금, 은, 철, 보석, 도자기 등이 많이 발굴되었는데, 발굴된 유물 중에서 좀 특이한 것으로는 박달나무(birch bark)가 나왔다. 어떤 용도로 사용되었는지는 밝혀지지 않았지만, 우리나라의 박달나무에 대한 전승 때문에 가볍게 보이지만은 않는다. 아마 이 박달나무는 신에 대한 제사 등에서 사용된 물건이 아닐까 하고 조심스럽게 생각해본다. 이 카라코룸 지역에 흐르는 오르혼 강은 셀렝가 강의 지류로서 이 강은 몽골 항가이 산맥에서 발원하여 북쪽으로 흐른다.

● 셀레가 강, 예니쎄이 강, 카라해, 카라 강

우리나라 일부 성씨의 기원이 되는 셀렝가 강은 몽골과 러시아를 흘러가는 강으로 항가이 산맥에서 발원해서 고대 인류문명의 기원지라고 하는 바이칼(Baikal) 호로 흘러들어 간다. 이 강은 예니세이 강과 안가라 강 연결지역에 있는데, 이 중에서 예니세이 강은 북극해에 흘러드는 거대한 강으로 몽골 북쪽으로 흘러가서 북극 카라 해(Kara Sea)

로 흘러들어 가고 있다. 여기 북극해인 카라 해로 흘러가는 강 중에서는 카라 강(Kara River)이라는 이름도 있다. 이 지역 주변의 명칭으로 가라(가야)라는 이름을 가진 것들이 보이고 있는데, 이것은 가라(가야)에 대한 고대로부터의 오래된 흔적이 남아 있는 것으로 볼 수 있다.

● 한국 일부 성씨의 기원이 되는 곳

한국 성씨 중에서 경주설씨, 덕수장씨, 임천이씨 등이 셀렝가 강 근처가 고향(기원)이라고 한다. 한반도에서 상당히 먼 곳임에도 불구하고 우리나라 일부 성씨의 기원으로 알려졌다니 상식적으로 이해가 가지 않지만, 우리가 추적하고 있는 예씨(월지)민족이 이 지역을 기원으로 한다고 하니 그 민족을 조사해보면 하나씩 그 베일이 벗겨질 것이다.

남산을 기원으로 하는 예씨(월지)민족은 흉노와의 전쟁에서 큰 압박을 받자, 예씨민족 중에서 일부가 서쪽으로 이주함으로써 민족이 두 개로 분할되었다. 분할된 민족 중에서 북서방향으로 이주한 사람들이 세운 국가를 대예씨(대월지)라고 하고, 남아 있던 사람들을 소예씨(소월지)라고 한다. 이 대예씨국이 바로 우리나라의 고대국가인 대가야와 연결이 되어 있다.

**대가야와
대예씨(대월지)**

대가야란 명칭은 금관가야를 지칭하는 것으로 반파국(伴跛國)이라 칭해지기도 했는데, 이 대가야는 시조 이진아시왕으로부터 도설지왕

까지 16대에 걸쳐 520년간 지속되었고 가야 연맹을 주도한 국가라고 한다.[4]

● **대예씨**(대월지, Da Yuezhi)**국 : 예씨**[Yuzhi(禺氏), Niuzhi(牛氏)]

예씨(월지) 사람들을 로마자로는 Yuezhi라고 표기하는데, 지금까지는 이 국가를 고대의 인도－유럽인종으로 분류되어 왔다. 그리스 학계에서는 고대부터 이 대예씨국을 다른 이름으로 불러왔으니, 그 다른 명칭은 토카리(Tokharoi) 또는 토가라(Thogara)라고 했다.

토카리(토가라)라는 이름이 있음에도 불구하고 중국에서는 대예씨(Da Yue zhi)라는 명칭만 계속 표기해왔고, 토카리라는 본래 이름을 기록에 남기지는 않았다. 중국 사학계에서 고구려의 이름을 지금까지도 남예(Nan Yue)로 표현하고 있어서 우리의 고구려에 대한 역사가 가려져 있었던 것처럼, 중국은 이 나라도 토카리라는 이름을 사용하지 않고, 이천 년 동안 대예씨로 표기해온 것이다. 그렇다면 중국에서는 대예씨라고 칭하고, 그리스에서는 토카리라고 하는 이 국가의 진짜 이름을 알아볼 필요가 있다.

그리스 고대 사학계에서 표기해 온 대예씨국의 또 다른 명칭인 토카리(Tokharoi)와 Thogara란 이름은 기본적으로 세 음소로 나눠볼 수 있다.

Tokharoi = To + Kha + roi

---

4) 출처: 브리태니커 백과사전(Britannica)

첫 번째, 토카리(Tokharoi)는 토카리(Tokharoi) = To + Kha + roi 으로 나눠진다. 그리스 문자 To는 중국 한자인 Da(大)의 변음이고 Kha + roi의 발음은 가려 또는 가례의 音으로, 이를 합치면 대가뢰(례)로 대가야의 소리와 비슷하지만, 또 다른 명칭인 Thogara를 보면 좀 더 확실한 이름을 알 수 있다.

Thogara = Tho + ga + ra = Da + ga + ra

이렇게 나눠진 것은 확실히 대가라(대가야)의 소리가 된다. 즉 대예씨(대월지)국을 지칭하는 두 개의 또 다른 명칭은 모두 한국의 고대국가중 하나인 대가야의 이름과 같아진다.

또한 중국에서는 대예씨(大月支) 사람들을 가리켜서 또 다른 한자를 사용해 왔는데, 대예씨(월지) 사람들을 일컬어 중국에서는 禹氏(Yuzhi, 우씨) 또는 牛氏(Niuzhi, 누씨)라는 표기도 병행해왔다.

大月支를 가리키는 명칭은 한국은 발음 그대로 대월지이고, 중국은 대예씨 또는 우씨, 누씨 사람들이라고 기록해왔고, 그리스에서는 대가라(대가야)의 그들의 발음인 토카리 또는 토가라라고 칭한 것으로서, 모두 동일한 국가인 대가야를 서로 다르게 칭해온 것이다.

앞에서 본 부여의 사가(四加)를 다시 보면, 부여는 구가(狗加), 마가(馬加), 우가(牛加, ⓒ누가), 저가(豬加, ⓒ주가)로 구성되어 있다고 했다. 중국의 대예씨 사람들을 가리키는 또 다른 한자표기가 우씨(禹氏) 또는 우씨(牛氏, ⓒ누씨)라고 기록에 나와 있는데, 부여(夫餘)에서 넷으로 나눈 행정 구역인 사가(四加) 중에서 우가(牛加, ⓒ누가)가 바로 대가야인 대예씨국(Da Yue zhi) 사람들을 칭하는 명칭이었던 것이다. 즉 대가야는 중국의 북서쪽인 가라코람 둔황 남산 천산 지역에 위치해 있었고, 그들을 부여의 사가(四加) 중 하나인 우가(牛加)라고 불렀었던 것이다.

한국의 고대국가 중에서는 대가야와 같이 가야연맹 소속으로 있었던 소가야가 있는데, 고대국가 소가야는 우리가 지금 소가야라고 칭하지만, 이 소가야라는 명칭은 후대에 생긴 것으로 원래의 이름은 따로 있었다.

소가야와 구자(Kucha)국

소가야로 알려졌어도 자신들이 소가야라는 이름을 쓴 적은 없다. 즉, 우리나라 고대국가 중에서 소가야라는 이름을 가진 나라는 없었다. 소가야는 삼국사기에 의하면 고자(古自 또는 고사포)국으로 그 이름을 전하고, 일본서기에서는 구차(久嵯)국이라고 한다.

단군 조선이 위만에 패하자 준(準)왕이 목지국(대월지국)을 중심으로 삼한소국을 형성했고, 그중에 고자국이 있었는데 고자국은 변한 12국 중의 하나로 소속되었다고 한다.[5]

● 구자(구차)국

소가야의 진짜 이름이 고자(古自)국 또는 구차(久嵯國)국으로 그와 이름이 똑같은 구자(龜玆)국이라는 국가가 있다. 이 구자(龜玆)국은 실크

---

5) 출처: 위키백과(Wikipedia)

로드(Silk road)에 있는 나라인데 타클라(타라, 탁리)마칸 사막의 북쪽 가장자리에 있는 무자트 강의 남쪽에 위치했다. 현재의 신장 위구르 자치구의 아커쑤 지구에 속하며 구자(구차) 현이 그 중심부다. 이것은 소가야인 구자국이 대가야(대예씨)와 이웃한 지역에 있었다는 것으로 한반도가 아닌 중국 북서지역, 타림분지 인근에 있었다는 것이다. 또한 이곳은 중국 안서도호부에서 고구려 유민의 후손 고선지가 절도사로 승격해서 오랜 시간을 보냈으며, 신라의 고승 혜초 스님도 이곳을 지나면서 기록을 남겼다고 한다.

구자(龜兹, Kucha)국의 명칭에 대한 어원은 이들의 부족인 Kuchi에서 나왔다고 한다. 그러나 많은 학자들은 구자(龜兹)는 Küsän, Güsän, Kuxian, Quxian에 대한 한자 차용어라고 한다. 여기서 눈여겨볼 것은 Küsän, Güsän, Kuxian, Quxian의 명칭이다. 우리식으로 발음해본다면 쿠샨, 구샨, 쿠시안, 꾸선 등 우리의 것과 아주 유사하다.

이들 구씨 또는 구가는 Kos, Kucha, Kujar라고 표기하는데, 이것도 마찬가지로 부여(夫餘)에서 넷으로 나눈 행정구역인 사가(四加) 중에서 구가(狗加)와도 소리가 같다. 이는 우리가 현재 소가야라고 부르는 한국의 고대국가 구자국의 사람들을 구가(狗加)라고 부르는 것으로서, 대가야를 우가(牛加)라고 하는 것과 마찬가지로 구자(龜兹, Kucha)국이 부여의 사가(四加) 중 하나임을 알 수 있다.

이 구자(龜兹)국 사람들을 구차(Kucha) 또는 구씨(Kuche)라고도 부르는데, 언어학자인 J.Derakhshani에 의하면 예씨(Yue zhi) 사람들은 아프가니스탄 및 파키스탄을 포함한 여러 국가에 거주하고 있는 구씨(Kuchis, Kochi, Guci)와 서로 연결되어있다고 한다. 즉 대가야의 또 다른 이름인 대예씨국의 우가(牛加)라는 사람들과 소가야의 진짜 이름인 구자국의 구가(狗加)라고 부르는 사람들은 우리 고대사에 나오는 백의민족의 국가들로 고대에 서로 긴밀한 문화적 교류가 있었다는 것이다.

그렇다면 이들 대가야의 우가(牛加)와 소가야 구자국의 구가(狗加) 사람들은 세상의 어디로 떠나가서 지금은 어떻게 살고 있을까? 그들을 찾을 수 있을까? 그들은 그들의 역사를 기억하고 있을까?

구씨(Kuchi)

소가야라고 칭하는 구자(龜玆)국의 구씨(Kuchi) 사람들은 중앙아시아로 이동해서 살고 있는 것으로 알려졌는데, 그들도 자신들의 고대역사를 잊고 산지가 꽤 오래인 것 같다. 그러나 그들은 우리의 기원과 동일한 백의민족이다.

소가야의 구가(狗加), 즉 구씨(Kuchi) 사람들은 주로 아프가니스탄과 파키스탄에 걸쳐 사는 파슈툰 유목민들을 일컫는다. 길자이 구씨(Ghilzai Kuchi) 민족은 카로티(Kharoti), 안다르(Andar), 아마자이(Ahmadzai) 부족을 두루 말하는데, 이들 구씨를 고차(Kochai) 또는 구씨얀(Kuchiyan)이라고 말한다. 아프가니스탄의 구씨 민족은 선조 시절부터 오랜 세월 동안 양이나 염소들을 치고 살아왔었는데, 그들은 먼 곳에서 온 사람들이라고 고대로부터 알려져 왔다. 탈레반(Taliban) 통치하에서는 탈레반의 핵심 인사들이자 주요 지지층이라고도 한다.

또한 구씨들은 파키스탄에도 거주하고 있는데, 파키스탄의 주요 도시 중 하나인 신드(Sindh) 주는 인더스 강 하류에 위치하고 있으며,

남으로는 아라비아 해와 접해 있고, 신드 주 북서쪽으로는 아프가니
스탄의 발루치스탄 주와 이웃해 있다. 이 발루치스탄에 구씨족이 많
이 거주하고 있고, 파키스탄 신드 주 지역에는 파키스탄의 최대 도시
인 카라씨(Karachi, 카라치)가 있는데, 이 카라씨(Karachi)에도 구씨족이 일
부 살고 있다. 카라씨는 과거에는 파키스탄의 수도였으나 지금은 신
드(Sindh) 주의 주도이고, 고대에 카라씨의 명칭은 크로코라(Krokola)로
불리었었고, 발루치스탄에 있는 발루크족들은 카라씨를 코라씨라고
도 불렀다.

   역시 소가야 구자국의 구씨들이 살고 있는 곳에서도 우리의 고대
국가 이름인 가라(카라, 코라) 같은 낯익은 이름들이 보이고 있다. 그렇
다면 대가야의 우가(牛加) 사람들은 어디로 가서 어떻게 살고 있을까?
또한 부여(夫餘)의 사가(四加) 중에서 다른 가(加)의 흔적은 아직 발견된
것이 없는 것일까?

**예씨(월지) 사람들과
모가(Moga)**

대예씨(대월지)국의 또 다른 이름은 대가야로
중국 북서쪽(천산 부근) 지역에 있었고, 소가야
의 본래 이름인 구자(구차)국이라는 나라도 신
장 위구루 지역에 있었다는 것이 확인되었다.
또한 그들을 부르는 또 다른 호칭이 부여의
사가(四加) 중에서 우가(牛加)와 구가(狗加)인 것
도 알게 되었다.[6]

---

6) 출처: 위키백과(Wikipedia)

그렇다면 부여의 사가(四加) 중 다른 부족의 지문은 없는 것일까? 고대 역사에서 마가(馬加)에 대한 지문을 다시 되새겨보자. 우리 기록에 보면 월지(예씨) 국왕인 준왕이 마한의 왕을 공격해서 한왕이 되어 삼한을 지배했다는 기록이 있다.

흉노에 밀린 대예씨국의 백성들이 타림분지에서 서쪽으로 이주하면서 천산(Tian Shan)의 북쪽지역에서 마주친 부족이 있었는데, 이 부족의 이름은 싸이(Sai 또는 Saka, 塞)족으로 스키타이족이라고 부른다. 이 싸이족을 중국에서도 사이(塞, ⓒsāi, ⓚ색 또는 새)족이라고 하는데, 싸이족을 공격해서 그들의 땅을 차지한 나라가 대예씨(대월지)국이다. 대월지국의 침략을 받은 싸이(색)족은 그 사회가 강한 모계 중심의 국가로 대예씨국에 밀려나며 남으로 내려가 인도의 북쪽지방에서 인도-스키타인왕국을 새롭게 건설했다.

싸이족이 새롭게 세운 인도-스키다인왕국의 최초 왕을 모스(Maues)라고 불렀고, 모스(Maues)는 왕 중의 대왕(Great King of Kings)이라고 하는데, 이 모스(Maues)왕을 가리켜 모가(Moga)라고 부른다. 이 모가(Moga)는 마가(馬加)의 音을 연상시키고 있다.

월지국의 준왕이 마한의 왕을 공격했다고 했는데, 월지국의 다른 발음은 대예씨(Da Yue zhi)국이고 대예씨국이 공격한 나라가 싸이(Sai)족이고 이 민족의 왕의 계열을 모스 또는 모가라고 한다는 기록을 볼 때, 이 사이족은 부여의 사가(四加)중에 하나인 마가(馬加)인 것으로 추측된다.

서양에서는 싸이(색)족을 스키타이인이라 하고, 색의 중국 발음 또한 싸이(sai)이고, 베트남도 자신들을 싸이(싸이공)라고 한다. 그런데 베트남이 우리와 같은 민족이니 우리도 싸이(색)족과 기원이 같다는 것이다. 우리가 평소에 하는 말 중에서 '우리끼리 또는 우리 사이'라는 말을 참 많이 쓴다. 혹시 '우리 사이'의 '사이'가 그 '싸이'가 아닌가 한다. 이 싸이(색)족에 대한 부분은 연구가 더 진행되어야 할 것이다.

대예씨(대가야)의 대(大)이동

대가야는 아주 먼 곳까지 이동했는데, 지금 경북 고령으로 이동한 것이 아니라 현재의 중국영토를 넘어 중앙아시아로 넘어갔다. 이 대가야의 이름을 가진 대예씨(대월지)국의 민족 이동 역사를 알아보자. 예씨 민족은 중국 Gansu(간쑤)지방에 위치해 있다가 한나라와 흉노에 밀려 점차 서쪽으로 이동했는데, 그들이 이주한 곳은 한반도가 아닌 다음과 같은 중앙아시아 지역이다.

● 트란스옥시아나(Transoxiana)

대가야인 대예씨국은 현재의 우즈베키스탄과 타지키스탄국의 대부분 지역과 카자흐스탄 남서부를 포함하는 지역으로 이주했다. 그중에서 대예씨인들이 주로 거주했던 지역으로 부하라(Bukhara)라는 도시가 있다. 부하라(Bukhara)에 사는 사람들의 민족 구성을 보면 주로 우즈베크인과 타지크인들로 구성되어 있다. 이 중에서 타지크 사람을 한자표기로는 탑길극(塔吉克)이라고 하는데, 타지크인의 조상은 박트리아인으로 이란계라고 한다. 탑길극(塔吉克)의 소리는 중국 발음 '타지크'가 원어에 더 가깝고 우리 발음인 탑길극은 원 소리와는 좀 멀다.

우즈베키스탄의 명칭 분석
우크베키스탄 = 우즈베키씨 땅 = 우지백의씨 땅 = 우거(우가)백의의 땅

● 박트리아[Bactria, 중국 대하(大夏)]

박트리아는 예씨 민족이 이주한 또 하나의 주요한 지역이자 타지크인의 조상이 살았던 곳이다. 오늘날의 아프가니스탄 북부와 타지키스탄, 우즈베키스탄 남부 지역에 위치해 있었던 고대국가 박트리아[Bactriana, 중국 大夏(대하)]는 힌두쿠시 산맥과 아무다리야 강 사이에 존재했었던 나라로, 수도는 박트라(오늘날 발크)였다. 박트리아인들은 오늘날의 아프가니스탄 북부와 타지키스탄, 우즈베키스탄 남부에 거주하고 있는 타지크족 선조들의 일파로, 박트리아는 현재 아프가니스탄의 북쪽이고 물이 많고 땅은 비옥해서 거주 지역으로는 안성맞춤이었다고 한다.

박트리아는 지금의 중동 이란족의 고향이었지만, 근래에는 중앙아시아의 모든 나라를 지칭하는 용어로 사용된다. 박트리아 시절의 마르기아나 유적이 발견됐는데, 이는 기원전 2200년경 중앙아시아 청동기 문명으로 현재의 투르크메니스탄과 아프가니스탄 북부, 우즈베

키스탄 남부, 타지키스탄 서부에 두루 존재했었던 문명을 말한다.

그 당시에 그리스-박트리아는 매우 강성해서 그들의 영토를 인도까지 확장시켰는데, 박트리아는 대부분 아리아나의 동쪽과 위쪽에 위치했었지만 일부분이 아리아나 북쪽으로 길게 늘어져 있었다. 아리아나 지역의 비옥함 때문에 그리스-박트리아의 국력은 더 강력해져서, 박트리아뿐만 아니라 인도지역과 그 외의 더 많은 종족들이 그리스-박트리아에 의해 정복되었다. 이 그리스-박트리아왕국은 갑작스럽고 허망하게 멸망했는데, 멸망의 원인이 대가야인 대예씨국의 공격에 의해서였다고 한다. 그 당시 대가야는 그 지역의 맹주 역할을 하고 있었던 그리스-박트리아보다 한층 더 강한 민족이었던 것이다.

쿠샨(Kushan)제국을 건국한 대예씨

박트리아에 자리 잡은 예씨(대가야)국 세력의 일부가 인도로 들어가서 쿠샨(Kushan)제국을 건설했고, 이때부터 대예씨(대가야)국은 쿠샨(貴霜, 귀상)국으로 불리게 되었다. 또한 쿠샨(귀상, Guishuang)은 가사니(Gasiani)라고도 불리었는데(변음), 쿠샨(귀상)국, 가사니(Gasiani)국과 예씨(월지)국, 대가야는 모두 동일한 한 국가에 대한 또 다른 호칭들이다.

쿠샨(Kushan)은 예씨(월지)민족의 다섯 민족 중 하나를 일컫는 말로 중국에서는 귀상(貴霜)이라 한다. 중국학자들에 따르면 대예씨(대가야)는 휴밀(休密), 귀상(貴霜), 쌍미(雙靡), 힐돈(肸頓), 도밀(都密) 다섯 부족으로 이루어져 있는데, 쿠샨(Kushan, ©귀상)이 예씨(월지)의 다섯 부족(5개국 연방) 중의 하나인 것이다.

쿠샨왕조는 그들이 정복한 박트리아의 그리스 문화를 받아들여서 그리스 문자를 사용했고, 최초의 쿠샨 왕인 쿠구라 카디시스(Kujula Kadphises)는 자신을 에클라씨제국(Eucratid Dynasty)의 해매우스(Hermaeus) 왕으로 승화시켰다. 해매우스는 빛나는 또는 찬란한 구세주라고 불리는 위대한 왕이었다. 기가 막힌다고 하겠지만, 해매우스(Hermaeus, 재임 기간 BC 90년~BC 70년)왕의 이름에서 우리의 해모수가 연상되고 있다. 이 해매우스왕에 대한 연구는 좀 더 진행되어야 하겠다.

지금까지 대예씨(대월지)국의 역사를 아주 간략하게 보았는데, 그중에서 눈에 띄는 것이 가야의 5개 연맹체제다. 가야는 고대에 연방 체제를 갖추고 있었던 국가라고 했는데, 지금까지 살펴본 대예씨(대월지)국도 5개국 연방체제로 국가를 통치하고 있었다. 여기서 5가야란 대가야, 성산가야, 아라가야, 고령가야, 소가야이고 나머지 하나가 수로왕의 가락국 즉 금관가야국이다. 대예씨(대월지, 대가야)국은 서쪽으로 이동하면서 기존의 가야연방 체제를 답습해 또 하나의 새로운 5개 연방 체제를 구축한 것으로 보인다.

조선의 이름

소가야의 원래 이름 구자(龜玆, 구차)국의 명칭이 Küsän, Güsän, Kuxian, Quxian에 대한 한자 차용어에 어원을 둔다고 했는데, 대가야인 대예씨국의 새로운 국가 명칭도 Kushan이다. 이는 소가야(구차국)의 어원이 되는 Küsän, Güsän, Kuxian, Quxian과 대가야의 이름을 가진 대예씨(대월지)국의 Kushan과 중국 광동성에 거주하는 조산(潮汕)족과 한반도에 거주하는 조선. 이 이름들은 참으로 많은 생각을 하게 하는 이름들이다.

즉 우리의 고대국가는 현재 발음으로는 (고)조선이라고 그 소리를 내는데, 이것은 구차국의 Küsän과 대예씨(대월지, 대가야)국의 Kushan과 한국의 고대국가 조선이 모두 그 기원이 동일한 백의민족의 국가들로서 앞에서 본 겨레민족의 오래된 책 이름인 구천서(九天書)에서의 구천(九天)의 발음과 같은 것이다.

'구천(九天) 사람'들의 의미는 '하늘의 가장 높은 곳에 사는 사람'들이란 뜻이다. 구천(九天)의 중국 음은 Gu + Tian(구티엔)이고, 구티엔의 변음들이 구씨엔, 구센, 쿠산이다. 이것이 조선의 본래 발음으로, 한국의 조선과 겨레족의 구천, 소가야인 구자국의 이름인 Küsän, 대가야의 다른 이름인 대예씨가 세운 국가 Kushan은 모두 같은 기원을 가지고 있는 백의민족의 국가로 같은 (고)조선에 대한 다른 발음들이다. 즉 우리 민족의 기원은 한반도에만 머무르고 있지는 않았다는 것이다.

아씨(Asii)

대가야인 대예씨에 대해서 우리가 가지고 있는 대가야 역사와의 연관성을 찾기 위해서,

그들의 왕에 대한 이야기를 좀 더 살펴보자. 대예씨(대월지)는 원래 천산이라고도 부르는 기련(祁連)산과 둔황사이(Gansu 북서쪽)에 살았었는데, 흉노에 패한 뒤 그 민족이 서쪽으로 이주를 해서 구이(Gui 또는 Oxus)강 북쪽에 자신들의 새 왕국을 세웠다. 고대 중국에서는 이 예씨인들을 백인계열이라고 기록하고 있다. 지금도 티베트(Tibet)에는 백인계열의 소수민족이 거주하고 있기 때문에, 아마 고구려나 대가야 등 한국의 고대국가는 백인, 황인, 흑인 등 세 개의 민족이 같이 살았었던 것 같다.

예씨(월지)국은 대예씨(대월지)와 소예씨(소월지)로 나누어져서, 이 중에서 대예씨(대가야)는 후에 토차(Tochar)의 이름으로도 불렸었으며 점차 서쪽으로 전진해서 기원전 2세기경에는 박트리아를 점령했다고 했다. 그런데 대예씨국이 박트리아를 점령할 당시에 기억되고 있는 정복자의 이름이 있다.

박트리아를 점령한 정복자들을 아씨(Asii)와 토카리(To kharoi, Tho gara)와 가사나(Gasiani)족이라고 그리스 역사에서 기억하고 있는데, 혹시 우리 고대국인 대가야에 이러한 비슷한 명칭은 없을까? 이 정복자의 이름이 대가야 시조의 이름에 들어있다. 바로 이진아시왕(伊珍阿豉王)이다. 이 왕은 대가야의 초대 국왕으로 이진아시왕의 아시라는 발음이 박트리아를 점령한 아씨(Asii)와 소리가 같다. 과연 이 둘의 연관성이 존재할까? 그렇다면 우리 대가야의 왕은 누구일까?

대가야의 시조

뇌질주일은 대가야 시조 이진아시
뇌질청예는 금관가야(구야국) 수로왕

대가야의 건국설화에는 가야산의 산신인 정견모주(正見母主)께서 천신 이비가(夷毗訶)의 감응을 받아 대가야 왕 뇌질주일과 금관가야 왕 뇌질청예(惱窒靑裔)를 낳았다고 한다. 뇌질주일은 대가야국의 시조인 이진아시(伊珍阿豉, 또는 內珍朱智)의 별칭이고 뇌질청예는 가야(구야)국 수로왕의 별칭이라고 한다.

그런데 대가야국과 가야국 시조 이름에 붙은 한자인 뇌질(惱窒)의 의미는 무엇인가? 한자 사전을 찾아보면, 뇌질(惱窒)에서 뇌(惱)는 '번뇌하다'란 뜻이고, 질(窒)은 '막히다'라는 뜻으로 전혀 이해되지도 않고 와 닿지도 않는다. 이 단어에 대해서는 여러 가지 설이 있지만, 설명을 들어보면 더 추상적이라 여기에서는 거론하지 않겠다.

천천히, 그리고 아주 단순하게 중국 한자의 음(音)만 차입했다고 생각해보자. 뇌질(惱窒)의 중국 音은 나지(nǎo zhi)이다. 여기에서 지(zhi, 窒)는 앞에서 본 대월지국(大月支國)의 명칭에서 나오는 '지(支)'와 같은 소리로서 이것은 '씨(氏)-clan'의 변음이라고 했으니, 나지(nǎo zhi)는 나씨라고 보면 되겠다.

즉, 뇌질(惱窒)은 단순하게 중국 음으로 나씨란 소리다. 나씨라는 명칭은 중국 소수민족의 하나로 앞장(소수민족 편)에서 이야기한 그 민족(Nashi족)으로, 바로 이 나씨(Nashi)가 아씨(Asii)로 변음 되어서 아씨(Asii)

족이라고 부르는 것이다. 대가야의 시조에 사용되는 뇌질(惱窒)은 나씨의 音으로 나씨족이 거주하고 있는 곳은 중국 Yunnan(雲南)성이다. 즉 이 뇌질(나씨)이란 단어가 대가야 시조의 기원을 중국 서부라고 가리키는 하나의 좌표가 되는 것이다.

또한 대가야 시조의 어머니인 정견모주(正見母主)의 모주(母主)는 나시족의 분파인 모수족과 나씨(낙씨, 낙월, 낙라)의 공동체인 해모수와 주몽의 아버지 해모수와도 그들의 의미를 나타내는 音에 있어서 서로가 연결되어 있다고 보여진다. 모수족은 그들 자신을 일컬어 Na(나)라고 부른다. 또한 고구려의 모체를 '나(那) 집단'으로 보고 있듯이 나(那) 집단은 우리 민족 기원에 상당한 영향을 미친 것이 분명하다. 한국인이 지금 사용하고 있는 1인칭 대명사가 바로 '나'이고, 또한 '나씨(낙씨)' 등의 중국 내 소수민족 대부분이 베트남, 한국과 그 기원이 같은 백의민족이다.

Afanasevo 문화

'대가야'라고 부르는 대예씨(대월지)국과 연관된 고대문명이 있다고 하는데 그 문명이 어떤 것이고, 언제의 것일지 궁금하다.

아바나시보(Afanasievo)문화는 초기 신석기시대의 문화로 시베리아 남부7), 알타이, 카자흐스탄 동부 일대에서 발견되었다. 이 문화는 기원전 3700년~기원전 2874년에 존재했던 문명이라고 하는데, 발견

---

7) 미누신스크분지(Minusinsk Basin): 우리 민족 일부 성씨의 기원이 된다고 하는 예니세이 강 중류로 셀렝가 강과 연결됨.

된 유물 중에서는 이 당시에 사용된 것으로 보이는 바퀴 달린 차량(마차)이 존재할 정도의 수준을 가진 고도로 발달된 문명으로, 이 문명을 토카리안(대가야) 사람들의 초기 문화로 보는 것이 가장 신빙성이 높다고 한다. 이 문명이 존재했었던 시기는 단군 조선의 시작을 넘어서는 것으로 우리 학계에서도 관심을 가져주길 바라는 바이다.[8]

Not the end

지금까지의 모든 사항을 고려할 때, 추모(주몽) 왕의 고구려뿐만 아니라 가야, 낙랑, 대가야, 소가야(구차) 등 한국의 고대국가 대부분이 중국의 남부·서부·북부와 중앙아시아에 존재했었던 것으로 그 실체가 나타났다. 우리의 역사는 다시 검토되어야 하고, 베트남을 비롯한 대가야가 이동한 중앙아시아의 백의민족인 우가와 구가도 다시 연구되어야 할 것이다.

우리 백의민족의 이야기는 이것으로 끝이 아니라 시작일 뿐이고, 백의민족 후예인 우리는 세상의 저 먼 곳까지 가신 우리 선조의 발자취를 따라가 그들의 진실의 이야기를 듣게 될 것이다.

이 책에서 역사적 진실과 부합되지 않는 부분은 배제하려고 노력했지만, 판단 착오가 일부 있을 수 있으니 그에 대한 꾸지람과 비평은 받아들이고, 문제가 되는 부분은 언제든지 다시 연구해서 정확한 역사를 후대에게 이야기할 수 있도록 노력할 것이다.

---

8) 출처: 위키백과(Wikipedia)

▼ Loulan 실크의 삼족오

베트남과 한국은 백의민족

"시작과 끝이 없는 영원한 민족"

백의민족이라는 거룩한 단어 하나를 찾아서 온 세상을 방황하다가 드디어 백의민족의 나라들에 대한 참역사를 접하게 되었습니다. 이 새로운 역사를 알리기 위해 많은 분과 이야기를 해보았지만, 이 이론이 그들에게는 그저 환상에 불과한 것 같아 많이 아쉽습니다.

이 책에서 살펴본 것처럼, 베트남과 한국은 고대에 같은 백의민족으로서 베트남의 고대국가는 한국의 고대국가와 전부 일치하고 있습니다. 이천 년이 지났지만, 잃어버렸던 우리 민족과 조상의 얼을 하나씩 찾아서 우리 백의민족의 기원을 찾는데 조금이나마 보탬이 되도록 노력하겠습니다.

역사에 대한 지식도 부족하고, 처음 시도하는 것인 만큼 미비한 점도 많겠지만 끝까지 읽어 주셔서 너무 감사합니다.